Gypsy und Franz Baumann

Mit Mammut nach Neandertal

Kinder spielen Steinzeit

Mit Bildern von Susanne Szesny

Ökotopia Verlag, Münster

Impressum

AutorInnen:
Gipsy und Franz Baumann

Titelgrafik und Illustrationen:
Susanne Szesny

Satz:
stattwerk e.G., Essen

Druck:
Druckwerkstatt Hafen GmbH, Münster

Lektorat und Layout:
Fredon Salehian

3. Aufl., 8.-10. Tsd., August 1997

Dieses Buch wurde auf garantiert chlorfreiem Papier gedruckt. Im Bleichprozeß wird statt Chlor Wasserstoffperoxid eingesetzt. Dadurch entstehen keine hochtoxischen CKW(Chlorkohlenwasserstoff)-haltigen Abwässer.

CIP-Titelaufnahme der Deutschen Bibliothek
Mit Mammut nach Neandertal: Kinder spielen Steinzeit /
Franz und Gipsy Baumann. Bilder von Susanne Szesny. - 3.
Aufl. Münster: Ökotopia-Verl., 1997
ISBN 3-925169-81-4
NE: Baumann, Gipsy; Szesny, Susanne

Inhaltsverzeichnis

STEINZEIT - NOCH AKTUELL?

Ein Hauptanliegen der Autoren dieses Buches ist es, überkommene Vorstellungen vom „primitiven" Steinzeitleben zu hinterfragen und aufzuzeigen, daß wir sogenannten zivilisierten Menschen nicht das Recht haben, naturverbundene Lebensweisen abzuqualifizieren. Die negativen Werturteile gegenüber den sogenannten „Primitiven" haben in der Vergangenheit sicherlich nicht nur zum Mißverstehen anderer Kulturen, sondern wohl auch zu massiven Vorurteilen gegen ganze Völker und damit letztlich zur Diskriminierung von Menschengruppen anderer Hautfarben und Religionen geführt.
Kindern sind solche Vorurteile zunächst fremd. Die Beschäftigung mit der Lebensweise der Menschen der Steinzeit ist vielleicht geeignet, mitzuhelfen, solchen Vorurteilen vorzubeugen und eine tolerante Haltung gegenüber den wenigen heute noch lebenden Naturvölkern zu entwickeln. Die Erkenntnis, daß es zwischen uns und Menschen anderer Kulturen (auch den Menschen der Steinzeit) viel mehr Verbindendes als Trennendes gibt, mag weiterhin dazu beitragen, uns als eine Bevölkerung einer Welt zu fühlen.

Die Spielideen in diesem Buch ermöglichen Kindern vom Vorschul- bis zum Jugendalter die spielerische Aneignung der Lebensweise der Jäger und Sammler der Altsteinzeit. Besonders für Kinder im Vorschulalter, die heute durch die enorme Zunahme des vorfabrizierten Spielzeugs und durch den Einfluß des Fernsehens weniger Gelegenheiten haben, sinnlich-unmittelbare Erfahrungen im tätigen Umgang mit Dingen zu sammeln, können die aufgeführten Spielideen eine Möglichkeit bieten, Erfahrungen mit dem Thema Steinzeit mit allen Sinnen zu vollziehen.

Um der Komplexität des Themas „Steinzeit" gerecht zu werden und dennoch für die Adressaten verständlich zu bleiben, haben die Autoren versucht, möglichst viele Informationen in Form von Vorlesegeschichten anzubieten. Die Erlebnisse und Fragen der Geschwister Hanna und Philipp bieten zahlreiche Gesprächsanlässe und Identifikationsmöglichkeiten, um als Einführung in die verschiedenen Themengebiete zu dienen. Selbstverständlich ist es zweckmäßig, diese Geschichten nicht unbedingt starr zu übernehmen, sondern sie den Erfordernissen der jeweiligen Adressatengruppe anzupassen.

Die Steinzeit hat ihren Namen eher einem Zufall zu verdanken. Der dänische Wissenschaftler C. J. Thomsen entwickelte in der ersten Hälfte des vorigen Jahrhunderts ein System, nach dem er die vorgeschichtlichen Altertümer des Nationalmuseums in Kopenhagen ordnen konnte, wobei er von den benutzten Werkstoffen ausging. Er gliederte je nach dem Material der Fundstücke in die Abschnitte Steinzeit, Bronzezeit und Eisenzeit. Diese Einteilung Thomsens ist bis heute die Grundlage für die zeitliche Gliederung der Vorgeschichte geblieben.
Tatsächlich sind die Zeugnisse, die uns aus dieser Zeit, der Steinzeit, überliefert sind, vorwiegend aus Stein, manche aus Knochen. Steinerne und knöcherne Werkzeuge, Figuren aus Stein, Geweih oder Mammutelfenbein, Schmuckstücke aus Muscheln und Schnecken oder Malereien an Felswänden geben uns spärliche Auskunft über das Leben und Denken der steinzeitlichen Menschen. Tatsächlich war es aber sicher keine „Steinwüste", in der die vorgeschichtlichen Menschen wohnten.

Sicherlich wohnten sie nicht in Häusern aus Stein, sondern in Zelten oder Hütten aus Holz und Fell. Wenn ihre Speerspitzen auch aus Stein oder Knochen waren - sie waren befestigt an Speeren und Pfeilen aus Holz. In ihrem Leben werden pflanzliche Materialien wie Fasern oder Holz wahrscheinlich eine größere Rolle gespielt haben, als Steine. Alle diese Materialien und die aus ihnen hergestellten Gegenstände sind jedoch nicht mehr vorhanden, sie sind nicht erhalten geblieben, weil sie nicht so haltbar waren wie Stein oder Knochen. Allerdings hatten sie für die damaligen Menschen den Vorteil, daß sie entschieden einfacher zu bearbeiten waren. Vom vorwiegend benutzten Werkstoff her müßte also die Steinzeit wahrscheinlich Holzzeit heißen (wie wohl die Bronze- und Eisenzeit auch).

Die Menschen der **Altsteinzeit**, über die dieses Buch informieren will, lebten als Jäger und Sammler. Diese Lebensweise wurde und wird von vielen Menschen unserer Zeit als primitiv eingeschätzt - sicherlich zu Unrecht. Vielleicht steht diese Fehleinschätzung im Zusammenhang mit dem Begriff „Steinzeit". Aber - ist der Stier in der spanischen Höhle Altamira tatsächlich von einem mit Steinen um sich werfenden „Wilden" gemalt worden? Nach der Entdeckung gab es Streit um die Echtheit der Malereien von Altamira, wohl weil sich niemand „den" Steinzeitmenschen als Schöpfer solcher Kunstwerke vorstellen konnte. Allerdings wurde Altamira dann nicht als Beweis für eine andere Einschätzung der bisher für „primitiv" gehaltenen Steinzeitmenschen genommen und damit als Anlaß, von festgefahrenen Vorurteilen abzurücken, sondern es wurde zunächst am Vorurteil festgehalten und statt dessen lieber Altamira als Fälschung dargestellt.

Die Diskussion um die Echtheit Altamiras und der anderen großartigen ausgemalten Höhlen der Jäger und Sammler der Steinzeit ist heute zum Glück vorbei. Wir wissen: es waren Menschen, die vor rund 25.000 Jahren diese Höhlen bemalten, Menschen, die gar nicht so sehr anders waren, als wir heutigen Menschen es sind. Sie waren der Natur sicherlich viel ausgelieferter, aber sicherlich kannten und achteten sie die Natur mehr als wir heute.
So konnten sie die Natur wohl weit besser einschätzen, als wir dies heute können. Sie erkannten ihre Abhängigkeit, sie wußten um den Einfluß, den die Natur auf ihr Leben, ihre Existenz, hatte – ein Wissen, das uns heute vielfach abhanden gekommen ist, obwohl wir auch heute in Wirklichkeit weit davon entfernt sind, die Natur zu beherrschen. Sie konnten nicht so weitreichend in die Natur eingreifen, wie wir das heute können, dazu fehlten ihnen die technischen Mittel. Aber wenn wir die Auswirkungen unserer Technik sehen, mögen uns vielleicht Zweifel darüber kommen, ob denn der Mensch der Steinzeit wirklich primitiver war als wir, oder ob wir ihn vielleicht auch im Bezug auf diese Primitivität längst überholt haben. So kann ein Nachdenken über unsere steinzeitlichen Vorfahren vielleicht einen Beitrag dazu liefern, nachdenklich über uns selbst und unser Verhältnis zur Natur zu werden.

Unser Leben in der heutigen Konsumgesellschaft ist geprägt von Depressionen und Zukunftsängsten. Dafür wird den Menschen der Altsteinzeit kaum Zeit geblieben sein. Sie waren gezwungen, ihr Leben und ihre Zukunft handelnd zu gestalten und ihren Ideenreichtum nicht für die Bewältigung ihrer Vergangenheit, sondern für die Gestaltung ihrer Zukunft einzusetzen. Jacques Leyssales, Chef des Hotels Cro Magnon in Les Eyzies, das über der Höhle errichtet wurde, die dem Cro-Magnon-Menschen (dem Eiszeitmenschen) den Namen gab, formuliert im Vorwort eines Buches zur steinzeitlichen Küche treffend: „Ich glaube zu wissen, was unsere Faszination für den Menschen der Vergangenheit ausmacht: entgegen unserer Zweifel der Gegenwart zeigte er uns mit Mut einen Weg für die Zukunft."

NEANDERTALER UND CRO-MAGNON-MENSCHEN DER ALTSTEINZEIT

Der Beginn der Steinzeit kann mit dem ersten Gebrauch von Steinwerkzeugen festgelegt werden. Dies dürfte etwa vor zwei Millionen Jahren der Fall gewesen sein. Über die Lebensweise unserer Vorfahren dieser Zeit sind jedoch verhältnismäßig wenig gesicherte Aussagen zu machen. Dieses Buch behandelt daher den Zeitraum der letzten 100.000 Jahre. Aus dieser Zeit sind so viele Funde vorhanden, daß es möglich ist, einigermaßen gesicherte Aussagen über das Leben unserer Vorfahren zu machen.

Der Neandertaler ist die Menschenform, die vor etwa 100.000 Jahren nahezu weltweit verbreitet war. 1856 stießen Arbeiter in einem Steinbruch in der Nähe von Düsseldorf auf Knochen, denen sie allerdings keine besondere Bedeutung beimaßen. Niemand weiß, wie viele Knochenstücke damals aus Unachtsamkeit verloren gingen - vielleicht sogar ein ganzes Skelett. Glücklicherweise wurden einige Stücke gerettet, unter ihnen das berühmte Schädeldach, das heute im Rheinischen Landesmuseum in Bonn aufbewahrt wird. Diese Fundstücke zeigte der Steinbruchbesitzer dem Lehrer und Naturforscher Johann Carl Fuhlrott. Fuhlrott hielt die Knochen für menschlichen Ursprungs, meinte jedoch, daß verschiedene Eigenarten des Schädeldaches auf eine vorzeitliche Menschenform hindeuten. Nachdem er das Urteil des Anatomen Hermann Schaaffhausen eingeholt hatte, fand Fuhlrott seine Ansicht bestätigt, daß dieser Neandertaler zu den ältesten Menschenformen gehöre.

Allerdings trat die Gesellschaft des 19. Jahrhunderts der Auffassung, der Mensch habe Entwicklungsgeschichte hinter sich und stamme von primitiven Vorfahren ab, ja er könne womöglich von Tieren abstammen, heftig entgegen. So ist es nicht verwunderlich, daß auch die Wissenschaftler seiner Zeit Fuhlrotts Ansicht auf gar keinen Fall bestätigten, sondern die Fundstücke für die Überreste eines „mißgestalteten" Menschen hielten. Allerdings tauchten in der folgenden Zeit überall in Europa immer mehr Überreste von ähnlich „mißgestalteten" Individuen auf, so daß der Neandertaler als Form zwar anerkannt werden mußte, jedoch als Angehöriger einer alten Rasse betrachtet wurde, die mit dem modernen, „echten" Menschen und seiner Geschichte nichts zu tun habe.

Als Anfang dieses Jahrhunderts der französische Anatom Marcellin Boule den Auftrag erhielt, ein in La Chapelle-aux-Saints gefundenes, fast vollständiges Neandertaler-Skelett zu untersuchen und zu rekonstruieren, ging er deshalb mit einer vorgefaßten Meinung an seine Arbeit heran. Er hob alles hervor, was ihm an dem Skelett primitiv und tierisch erschien und bemerkte nicht, daß dieses Lebewesen offensichtlich an schwerer Arthritis gelitten hatte. Er rekonstruierte den Neandertaler als primitives, nach vorn übergebeugtes Geschöpf mit hängenden Schultern und Armen, das wohl mehr Ähnlichkeiten mit einem Affen als einem Menschen aufwies. Boules Untersuchung und deren Veröffentlichung bestimmten in den nächsten Jahrzehnten das Bild, das sich die Wissenschaft vom Neandertaler machte und spukt wahrscheinlich auch heute noch in vielen Köpfen herum, ist jedoch nach neueren Untersuchungen etwa ab Mitte der fünfziger Jahre nicht mehr haltbar.

Sicherlich war die Stirn flacher und der gesamte Schädel weniger aufgewölbt als beim heutigen Menschen. Sein Gesicht wird eine etwas vorspringende Mund-Nasen-Partie gehabt haben und er wird mit einer durchschnittlichen Körpergröße von 1,50m bis 1,60m kleiner als der durchschnittliche heutige Mitteleuropäer, dafür aber untersetzter gewesen sein. Wenn wir jedoch bedenken, daß nicht jeder heutige Mensch genau dem Bild des durchschnittlichen Zeitgenossen entspricht, so würde der durchschnittliche Neandertaler, in heutige Kleidung gesteckt, wohl auf einem Jahrmarkt unter vielen heutigen Zeitgenossen nicht sonderlich auffallen.

Lebensräume des Neandertalers waren Wälder und offene Landschafttypen des Mittelmeerraumes, Laubwälder des feucht-gemäßigten Klimas, wie sie während der Warmzeiten auch hier bei uns vorkamen und Steppen mit weiten Grasflächen und vereinzeltem Baum- und Strauchbestand, wie sie bei uns während der Kaltzeiten zu finden waren. Offensichtlich hat der Neandertaler gejagt, sogar recht große Tiere. Ein Fund bei Verden an der Aller brachte das nahezu vollständige Skelett eines Waldelefanten aus der Neandertalerzeit zutage, bei dem eine Lanze aus Eibenholz im Skelett steckte, deren Spitze sorgfältig bearbeitet war. Wir dürfen aus diesem und einer Reihe ähnlicher Funde schließen, daß die Neandertaler recht geschickte Jäger waren, wenn sie auch offensichtlich nur über einfache Jagdwaffen verfügten. Einen wahrscheinlich noch höheren Stellenwert wird die Sammelwirtschaft gehabt haben, von der uns aber naturgemäß mit den überlieferten Fundstoffen nichts genaueres bekannt ist. Völkerkundliche Beispiele zeigen jedoch, daß das Sammeln wohl eine sehr viel wichtigere und auch zuverlässigere Art des Nahrungserwerbs ist und war, als die Jagd.

Wenn auch viele Fundstücke aus der Zeit des Neandertalers aus Höhlen stammen – hier wurde auch bevorzugt nach ihnen gesucht – so ist es sicherlich nicht richtig, den Neandertaler als einen Höhlenmenschen zu bezeichnen. Sicherlich war die Höhlenwohnung nur eine von verschiedenen sich in der Natur bietenden Behausungen. Gebiete mit Höhlen und Felsdächern, unter denen sich ebenfalls Neandertalerwohnplätze befunden haben, sind selten. Wahrscheinlich werden die Freilandbehausungen weit zahlreicher gewesen sein, wenn uns auch die Fundsituation nur gelegentlich Auskunft über sie geben kann. Häufig sind an den Fundplätzen einfache Feuerstellen gefunden worden.

Eine Anzahl von Gräbern zeigt uns, daß der Neandertaler (anders als die vor ihm lebenden Vorfahren der Menschen) seine Toten sorgfältig bestattete. Da es in der Nähe der Gräber auch immer Spuren von Siedlungen gibt, wird vermutet, daß Neandertaler an ihren Wohnplätzen bestattet wurden. Die Toten wurden meist in Schlafstellung in Grabgruben beigesetzt. Tierknochen und Werkzeugfunde deuten auf Nahrungs- und Werkzeugbeigaben hin. Auch Bestattungen auf einem Bett aus Blumen sind überliefert. Die Skelette in den Gräbern deuten z.T. auf schwere Verletzungen hin, die im Leben zu stärkeren Behinderungen geführt haben müssen. Offensichtlich wurden diese Behinderten von der Neandertaler-Gesellschaft integriert.

Immer wieder wird die Frage gestellt, ob die Neandertaler eine Sprache besessen haben und es ist tatsächlich unwahrscheinlich, daß sie ohne Sprache waren. Wenn wir bedenken, daß sie ihre Toten sorgfältig bestatteten und offensichtlich schwerkranke und damit hilflose Mitmenschen bis ins Alter versorgten, erscheint es nicht nur aus anthropologischer Sicht unwahrscheinlich, daß sie ohne Sprache waren. Auch Fossilfunde wie ein versteinertes Zungenbein aus der Nähe von Haifa, das mit dem moderner Menschen nahezu identisch ist, weisen in diese Richtung.

Alles, was wir über den Neandertaler wissen, sollte uns sehr vorsichtig machen, ihn für einen primitiven Vertreter aus der menschlichen Ahnenreihe zu betrachten, der mit dem modernen Menschen nichts zu tun hat. Vielmehr ergibt sich das Bild eines handwerklich und geistig regen, wirklichen Menschen, der eine relativ hochstehende soziale Gemeinschaft hatte. Ob er jedoch als unser Vorfahre zu betrachten ist, oder ob die Endform des Neandertalers ausgestorben ist, vom „moderneren" Cro-Magnon-Menschen (unserem direkten Vorgänger, der etwa vor 30.000 Jahren auftrat) verdrängt wurde, ist nach heutiger Sicht noch nicht abschließend zu beurteilen. Es ist jedoch anzunehmen, daß Vermischungen stattgefunden haben und somit scheint klar, daß auch in unseren Adern noch eine gewisse Menge Neandertalerblut fließt.

1868 – zwölf Jahre nach dem Fund im Neandertal – legten die Einwohner des kleinen Dörfchens Les Eyzies in Südfrankreich bei Straßenbauarbeiten einen Felsunterschlupf frei, den sie Cro-Magnon nannten, was soviel heißt wie weiträumig, groß. In einer Höhle wurden hier einige sorgfältig begrabene Skelette und Steingeräte gefunden. Nach der Höhle wurde die Menschenrasse, von der diese Hinterlassenschaften herrühren, Cro-Magnon-Mensch genannt. Zu offensichtlich waren die Gemeinsamkeiten der Cro-Magnon-Schädel zu den Schädeln des modernen Menschen. Niemand konnte bezweifeln, daß es sich offensichtlich um Menschen handelte, die mit uns heutigen Menschen ganz klar verwandt sind. Wir wissen nicht, ob die Cro-Magnon-Menschen glatte oder krause Haare hatten, ob ihre Lippen dick oder schmal waren, denn dies sind ja keine Merkmale, die an den Knochen, die gefunden wurden, abgelesen werden könnten. Da ihr Skelett jedoch dem Skelett des heutigen Menschen weitgehend gleicht, kann angenommen werden, daß sie den heutigen Menschen auch sonst ähnlich sahen.

Die Werkzeugtechnik der Cro-Magnon-Menschen ähnelt zwar der Technik des Neandertalers, es sind jedoch einige bemerkenswerte Neuerungen bei der Bearbeitung von Stein und Knochen festzustellen. Die Werkzeuge sind im allgemeinen feiner und zierlicher, und sie sind wohl auch für kniffligere Arbeiten bestimmt, als es die Werkzeuge der

Neandertaler waren. Aus der Fundsituation der Tierknochen, die in der Nähe der Siedlungsplätze gefunden wurden, können wir folgern, daß auch die Jagd systematischer und aufs Ganze gesehen erfolgreicher betrieben wurde, als zur Zeit des Neandertalers. Auch vor der Erfindung von Pfeil und Bogen vor etwa 10.000 Jahren besaß der Cro-Magnon-Mensch Speerschleudern, die als verhältnismäßig zielgenaue Fernwaffen dienten, die eine sehr ergiebige Jagdausbeute ermöglichten. Hauptbeutetier war das Rentier, von denen es in der weiten Tundralandschaft der damaligen Zeit große Herden gab.
Auch die Cro-Magnon-Menschen lebten wie der Neandertaler als Jäger und Sammler, die ihre Siedlungsplätze häufig wechselten. So waren es auch keine festen Behausungen, in denen die Cro-Magnon-Leute lebten, sondern relativ einfach gebaute Zelte und Hütten, wenn sie nicht unter einem Felsunterschlupf wohnen konnten. Auch die Eingangsbereiche der natürlichen Höhlen wurden bewohnt. Die weiter und tiefer in die Berge führenden Gänge der Höhlen wurden offenbar nicht bewohnt, wie uns die Feuerstellen zeigen, die meist an den Höhleneingängen lagen. In der übrigen Zeit wohnten sie in Zelten oder einfachen Hütten, deren Überreste gefunden wurden.

Der Cro-Magnon-Mensch kann – bei allem Vorbehalt – ohne weiteres als direkter Vorfahr des heutigen Menschen angesehen werden. Er war der Eiszeitmensch, wie wir ihn uns normalerweise vorstellen, und er war im Prinzip biologisch identisch mit dem heutigen Menschen. Wenn er auch noch nicht die Kultur, oder besser gesagt, die Zivilisation des heutigen Menschen besaß, so waren seine biologischen Möglichkeiten (auch was das Gehirn anbetrifft) doch wohl identisch.

Nach der Fundsituation war der Cro-Magnon-Mensch außer in Europa, Asien und Afrika auch in Amerika und Australien vertreten, obwohl doch große Entfernungen dazwischen liegen, die vom Ozean bedeckt sind. Die Frage, wie der Cro-Magnon-Mensch diese Entfernungen überbrückt hat, ist für Amerika noch verhältnismäßig leicht zu beantworten. Während der Eiszeiten war sehr viel mehr Wasser als heute in Form von Eis an Land gebunden, so daß der Meeresspiegel etwa 80 Meter tiefer lag als heute. Dies ermöglichte es den Cro-Magnon-Menschen, über die Behringstraße zu Fuß nach Amerika zu gelangen. Anders verhält es sich mit der Besiedlung Australiens. Lange wurde versucht, den Gedanken, daß die Cro-Magnons mit Schiffen gefahren sein könnten, durch skurrile Konstruktionen zu ersetzen, nur um nicht zugeben zu müssen, daß die „primitiven" Steinzeitmenschen zu solchen Leistungen fähig waren. Heute gibt es keinen Grund, etwas anderes anzunehmen, als daß die Besiedlung von Australien durch den Cro-Magnon-Menschen tatsächlich mit Schiffen erfolgt ist.

Besondere Faszination übt auf uns die Kunst des Cro-Magnon-Menschen aus. Die bereits erwähnten Höhlenmalereien von Altamira oder auch die von Lascaux (um nur die bekanntesten Beispiele zu erwähnen) zeigen uns einen Teil der damaligen Tierwelt in Malereien oder Felsritzungen. Warum haben die Cro-Magnon-Künstler so selten Menschen dargestellt? Warum haben sie beschwerliche Wege in Kauf genommen und das Innere der Höhlen gesucht, manchmal mehrere hundert Meter vom Eingang entfernt? Warum haben sie nicht ihre Wohnstätten mit „Familienbildern" verziert?
Lange reduzierten sich die Deutungen der Steinzeitkunst auf einen primitiven Jagd- und Fruchtbarkeitszauber. Die Höhlen waren nach diesen Deutungen rituelle Stätten – die berühmte Höhle Lascaux wurde mit der sixtinischen Kapelle verglichen, in der die Cro-Magnon-Jäger recht waghalsig auf Gerüsten stehend in drei Metern Höhe großartige Wandbilder gestalteten. Die Fruchtbarkeit der Tiere muß die Künstler besonders interessiert haben, denn häufig sind sie tragend, mit überdimensional dicken Bäuchen dargestellt worden. Die seltenen Menschendarstellungen deuten ebenfalls auf ein besonderes Interesse an der Geschlechtlichkeit der Menschen hin.

Betrachten wir dagegen den berühmten Stier aus der spanischen Höhle Altamira genauer, so fällt es schwer, sich den Erschaffer dieses Kunstwerks als einen Wilden vorzustellen, der einem primitiven Jagd- und Fruchtbarkeitszauber nachgeht, vielmehr denken wir an den berühmten Meister Picasso. Die Farb- und Formgebung dieser Kunstwerke aus der Zeit um 10.000 bis 15.000 vor Christi Geburt zeigt, daß die Cro-Magnon-Menschen sich intensiv mit ihrer Welt auseinandergesetzt haben, künstlerische Studien betrieben haben müssen und die Farbe, gewonnen aus Erdpigmenten, in vielfältiger Weise einsetzten.
Völkerkundliche Vergleiche, die in neueren Deutungen der Steinzeitkunst hinzugezogen wurden, ergaben, daß sich Jäger- und Sammlerstämme in einer engen Beziehung zum Tier betrachten, in der das Tier nicht nur wirtschaftlich eine Rolle spielt. Das zeigen auch steinzeitliche Darstellungen von menschlichen Mischgestalten als phantasievolle Kompositionen, die die Austauschbarkeit von tierischer und menschlicher Gestalt ausdrükken.

Vieles aus dieser Zeit wird immer ein Geheimnis bleiben – die großartigen Kunstwerke der Cro-Magnons sprechen auch ohne konstruierte Interpretationen für sich.

STOSSZAHN UND RÜSSEL – DAS MAMMUT

Das Mammut ist wohl eines der faszinierendsten Tiere der eiszeitlichen Fauna. Nicht nur wir heutigen Menschen stehen bewundernd vor den Überresten dieser ausgestorbenen Tierriesen, die wir im Museum bestaunen können, auch auf die Menschen der Vorzeit muß das Mammut eine starke Faszinantion ausgeübt haben. So finden wir Mammutdarstellungen auf verschiedenen Geräten und als Höhlenzeichnungen und -malereien. Allein in der Höhle von Rouffinac sind über 150 Mammutdarstellungen gefunden worden.

Die Körpergröße des Tieres entsprach etwa der Größe der heutigen Elefanten, wobei die männlichen Tiere durchschnittlich größer waren als die weiblichen, der Kopf war dagegen größer und massiger als der Kopf der heutigen Elefanten. Während bei den heutigen Elefanten die höchste Stelle des Rückens etwa in der Mitte des Körpers liegt, war der Rücken des Mammuts im vorderen Teil höher und fiel dann nach hinten hin ab. Die Ohren waren verhältnismäßig klein, der Rüssel dicker und massiger als bei heutigen Elefanten. Der Vorderabschnitt des Rüssels war durch die Ausprägung einer Art Schaufel gut geeignet zum Greifen von Grasnahrung, die einen Hauptteil der Nahrung darstellte. Die langen, gebogenen Stoßzähne waren geeignet, den Schnee wegzuräumen und erleichterten so die Nahrungssuche. Unter der dicht behaarten, etwa drei Zentimeter starken Haut lag eine etwa acht bis neun Zentimeter dicke Fettschicht zum Schutz gegen die extrem kalten Temperaturen.

Warum das Mammut ausgestorben ist, läßt sich letztlich nicht eindeutig klären. Es wird jedoch angenommen, daß die Tiere in Europa durch die Jagd der Menschen der Eiszeit stark dezimiert wurden. Die Überreste der Mammutherden konnten sich wohl in Nord- und Osteuropa noch längere Zeit halten, starben aber im Laufe der Zeit wohl durch die zunehmende Erwärmung und das dadurch bedingte Vorrücken der Nadelwälder nach Norden hin aus.

Wir empfehlen das Mammut als Einstiegsthema, weil wir die Erfahrung gemacht haben, daß dieses Thema insbesondere geeignet ist, Faszination zu wecken und Motivation herzustellen, sich auch mit der Umwelt des Mammuts (und dazu gehört ja insbesondere auch der Mensch als wichtigster Feind) zu beschäftigen. Überreste von Mammuts sind in vielen Museen zu finden (auch in kleineren Heimatmuseen), so daß es in vielen Fällen möglich sein wird, eine direkte Begegnung mit dem „Objekt" herzustellen. Ein Museumsbesuch ist immer geeignet, Neugierde zu wecken und Fragen aufzuwerfen.

Folgen wir also unseren kleinen Forschern Hanna und Philipp, die uns als „Experten" durch dieses Buch begleiten werden, auf ihrem Weg durch ein Museum, wo sie eine Begegnung mit dem Mammut haben werden.

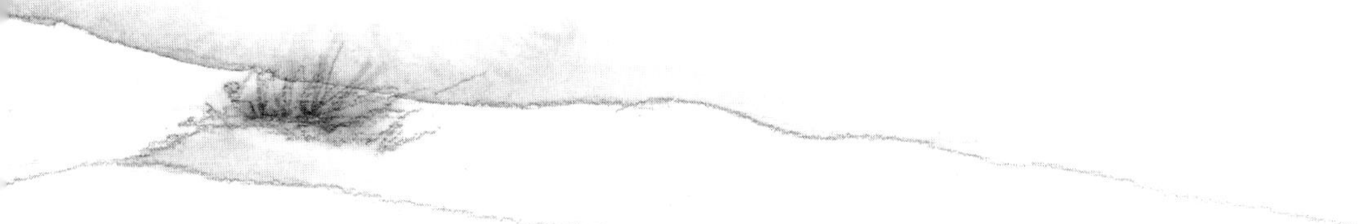

Hanna, Philipp und das Mammut

Nein, eigentlich haben sie gar nicht ins Museum gewollt, aber bei diesem Regenwetter bleibt einem ja kaum eine andere Wahl. Nach draußen können sie nicht gehen, da werden sie ja naß bis auf die Knochen, und so haben die Eltern Philipp und Hanna vorgeschlagen, doch mit ins Museum zu kommen. Und allein zu Haus wollen sie auch nicht bleiben, also gehen sie mit.

Aber sie haben Glück. Denn während die Eltern in die Abteilung mit den Bildern gehen, schlagen sie den beiden vor, sich doch die andere Abteilung anzuschauen. Die ist für Kinder auch wesentlich interessanter, denn mit fünf und sieben Jahren können die beiden schließlich selbst bunte Quadrate malen und brauchen sie sich nicht im Museum anzuschauen! Also, auf in die naturkundliche Abteilung des Museums!

Da staunen die beiden nicht schlecht, als sie sofort neben dem Eingang die Überreste von einem riesengroßen Tier sehen. Es ist der Schädelknochen eines Mammuts, aber das wissen Hanna und Philipp noch nicht. Sie denken zunächst, es sei ein Elefant, denn der Schädel hat riesengroße Stoßzähne, eben wie ein Elefant sie hat. Allerdings sind sie nicht weiß, wie bei einem Elefanten, sondern braun.

„Schau mal da, Philipp", ruft Hanna, „da ist ja noch so ein Elefant!" Und tatsächlich, etwas weiter steht das Skelett eines anderen Mammuts. „Der hat aber lange nicht so große Stoßzähne wie der andere", meint Philipp. Nein, tatsächlich sind sie ein ganzes Stück kleiner. Staunend stehen die beiden Kinder vor den Überresten dieser großen Tiere und überlegen sich, wieviel Futter so ein Tier wohl jeden Tag braucht, als die Eltern um die Ecke biegen.

„Da seid ihr ja!" ruft der Vater. „Na, habt ihr etwas Spannendes entdeckt?"

„Schau doch mal der Elefant hier, wie groß der ist!" ruft Hanna, und Philipp fügt hinzu: „Und da drüben, da ist der Kopf von einem noch größeren Elefanten!" Der Vater nickt. „Ja, das sind richtige Riesen, die ihr da seht. Aber es waren keine Elefanten wie unsere heutigen Elefanten. Es sind Tiere, die es schon seit mehreren tausend Jahren bei uns nicht mehr gibt. So ein Tier wird Mammut genannt. Zwar hatten die Mammuts auch Stoßzähne wie die Elefanten heute, aber sie sahen doch schon etwas anders aus. So hatten sie zum Beispiel viel kleinere Ohren." – „Aber warum denn das?" wundert sich Philipp.

„Na, das lag daran, daß es damals, als die Mammuts lebten, viel kälter war als heute", erklärt die Mutter, „und wenn euch kalt wird, friert ihr besonders schnell an den Ohren. Und da friert ihr eben weniger, je kleiner die Ohren sind."
Auf dem Nachhauseweg erfahren die beiden dann, daß es tatsächlich ein besonderes Mammut gewesen ist, dessen Schädel sie gesehen haben. Es ist der größte Schädel eines Mammuts, der jemals gefunden wurde, aber viele andere Mammutknochen sind auch gefunden worden. Sogar ganze Tiere wurden in Sibirien im ewigen Eis gefunden. Richtig, die Nachbildung von einem solchen Mammutbaby aus dem ewigen Eis haben die beiden Kinder auch im Museum gesehen. Bei diesen Tieren können die Forscher sogar noch nachschauen, was sie gefressen hatten. Im Winter, wenn alles tief verschneit war, lebten die Mammuts im Wald. Dort fraßen sie Moose, Flechten und Sträucher. Im Sommer zogen sie auf die Grassteppen und in die Tundrenlandschaft, in denen es wenig Bäume und Sträucher gab. Mit den großen Stoßzähnen konnten sie den Schnee zur Seite räumen, um an ihr Futter zu kommen. Hier fraßen die Tiere hauptsächlich Gras aber auch andere Pflanzen, die sie gerade fanden. Und: stellt euch vor, ein Mammut brauchte am Tag ungefähr vier Zentner Futter, die es mit dem Rüssel abreißen mußte. Das ist ungefähr viermal so viel, wie Hanna und Philipp zusammen wiegen!
Zu Hause erfahren sie noch etwas über das Mammut, und das kommt so: Hanna hat einen Wackelzahn. Einen neuen, großen Zahn hat sie schon, aber jetzt wackelt schon der zweite Milchzahn. Als sie den dem Vater zeigt, lacht der und sagt: „Gut, daß du kein Mammut bist! Denn so ein Mammut bekam nicht nur einmal neue Zähne, sondern sechsmal. Das ist bei heute lebenden Elefanten genau so!"

Und dann holt der Vater ein Buch heraus und zeigt den Kindern, wie das Mammut ausgesehen hat: Über drei Meter hoch war so ein Tier und über fünf Meter lang, so daß es gar nicht ins Wohnzimmer gepaßt hätte. 120 Zentner hat so ein Tier gewogen, soviel wie sechs große Autos, und ein ganz zotteliges, langes, braunes Fell hatten die Tiere, ganz anders als die heutigen Elefanten. Dann erzählt der Vater noch, daß die Tiere vor einigen tausend Jahren auch von unseren Vorfahren, den Jägern und Sammlern der Steinzeit gejagt wurden. Die Menschen konnten alles mögliche von den Mammuts gebrauchen: Das Fleisch der Tiere konnten sie essen, aus dem Fell konnten sie Kleidungsstücke und Zelte herstellen und aus Knochen und Stoßzähnen wurden Geräte und Werkzeuge gemacht.
Philipp und Hanna finden die Mammuts so spannend, daß sie dann noch eine Weile spielen, sie seien Mammuts, die auf dem Weg vom Winterquartier im Wald zum Sommerquartier in der weiten Graslandschaft sind. Und vielleicht habt ihr ja auch Lust dazu, einmal Mammut zu spielen.

Mammutmaske

Material: Zeichenkarton, Wollreste, Farbe, Klebstoff, Papprohre (Kern einer Haushaltspapierrolle o.ä.), weiches Papier, Paketband
Alter: ab 5 Jahren

Ein ungefähr 25 cm x 70 cm großer Streifen Zeichenkarton wird zu einer Röhre zusammengeklebt. Am besten wird der Streifen zunächst um den Kopf gelegt und die Augen abgefühlt, die dann auf dem Streifen eingezeichnet werden. Die Löcher für die Augen werden dann ausgeschnitten oder mit einer Prickelnadel ausgeprickelt. Die Ohren werden aus Zeichenkarton ausgeschnitten und mit Klebstoff oben an der Röhre rechts und links befestigt. In die Papprohre, die als Rüssel dienen soll, wird vorne ein Stück weiches Papier zerdrückt eingeklebt. Rüssel und Kopf werden mit unterschiedlichen Brauntönen bemalt und nach dem Trocknen mit farblich passenden Wollresten beklebt. Zum Schluß wird der Rüssel mit zwei Stükken Paketband am Kopf befestigt, so daß er frei nach oben und unten schwingen kann.

Hinweis: Die verhältnismäßig kleinen Ohren und die dichte Behaarung waren beim Mammut anders als beim heutigen Elefanten!

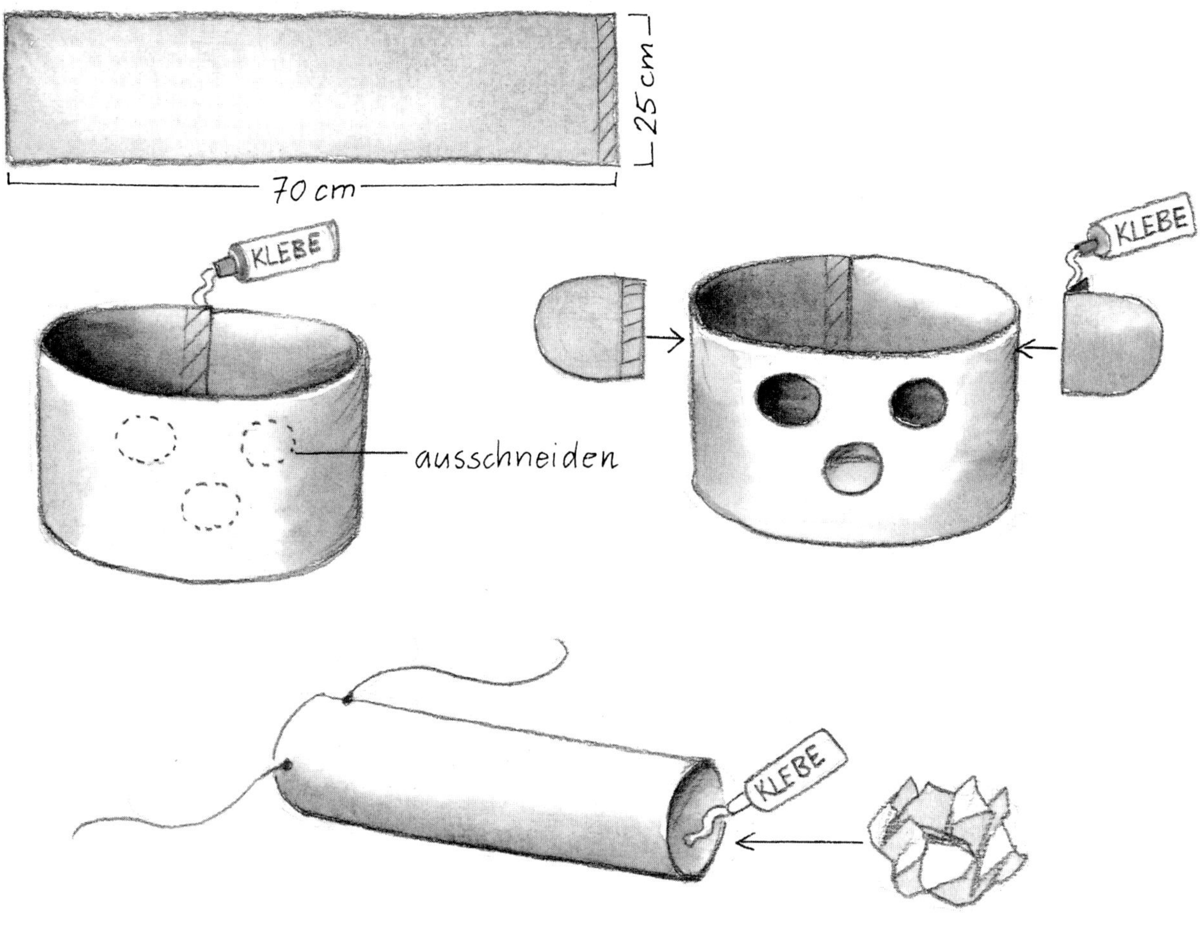

Mammutjagd

Material: evtl. Mammutmasken
Alter: ab 5 Jahren

Die Hälfte der Spieler sind Mammuts, die andere Hälfte Wölfe, die versuchen, ein Mammut zu fangen. Dies gelingt jedoch nur, wenn die Mammuts allein sind. Sobald die Mammuts sich an der Hand fassen, können sie von den Wölfen nicht erlegt werden. Dies darf jedoch nicht länger als etwa drei Sekunden geschehen, denn nach dieser Zeit muß sich jedes Mammut einmal um sich selbst drehen, bevor es sich wieder mit den anderen Mammuts zusammenschließen darf. Erst wenn die Wölfe ein einzelnes Mammut erlegen, indem sie es mit der Hand am Rücken abschlagen, muß das entsprechende Mammut ausscheiden oder wird auch zum Wolf.

Mammutwettlauf

Material: Mammutmasken, Decken
Alter: ab 4 Jahren

Jeweils zwei Spieler bilden ein Mammut. Das vordere Kind setzt die Mammutmaske auf und simuliert mit seinen Händen die Stoßzähne des Tieres, das hintere Kind faßt das vordere mit beiden Händen an den Schultern an. Wenn jetzt noch eine Decke über die Spieler gelegt wird, ist das Mammut fertig. Die Mammuts können nun durch den Raum „streifen" oder zu zweit um die Wette laufen.

Versteinert

Material: evtl. Mammutmasken
Alter: Ab 4 Jahren

Überreste von Mammuts sind uns zumeist durch versteinerte Knochen und Zähne bekannt. Da drängt sich doch das beliebte Spiel „Versteinert" - diesmal selbstverständlich in einer „Mammutvariante" - förmlich auf.
Alle Kinder laufen herum (am besten mit ihren selbstgebauten Mammut-Masken). Auf das Kommando „Versteinert!" behalten alle die Haltung bei, die sie gerade hatten. Wer das nicht schafft, oder sich noch bewegt, scheidet aus. Auf das Kommando „Weiterlaufen!" bewegen sich alle weiter. Gewonnen hat, wer als letzter übrig bleibt.

Mammutherde

Material: verschiedene Materialien sind möglich (siehe Text)
Alter: ab 4 Jahren

Jedes Kind bastelt ein Mammut. Hierbei gibt es verschiedene Möglichkeiten. Aus Pappmaché oder Ton (bzw. einer anderen Modelliermasse) kann ein Mammut modelliert werden. Ein Mammut kann auf Zeichenkarton aufgezeichnet werden. Als Vorlage kann eine Zeichnung aus diesem Buch angeboten werden, die Fantasie wird jedoch durch die freie Gestaltung des Mammuts weniger eingeengt. Nach dem Ausschneiden wird die Figur mit Klebstoff auf einen Fuß aus Karton aufgestellt. Die Modelle können mit Wolle (Fell) und Farbe komplettiert werden.

Hinweis: Wenn die Mammuts in den unten beschriebenen Bau einer Sommer- und Winterlandschaft miteinbezogen werden sollen und diese Landschaft später noch durch Menschenfiguren ergänzt werden soll, sollte beim Bau der Mammuts auf die geeigneten Größenverhältnisse geachtet werden. Ein Mammut war fast doppelt so hoch wie ein Mensch!

Bau einer Sommer- bzw. Winterlandschaft

Material: Karton, Kleister, Farbe, Kreppapier oder vorzugsweise verschiedene Naturmaterialien
Alter: ab 4 Jahren

Mammuts haben im Sommer in der Steppe, im Winter im Wald gelebt. Die beiden Landschaften können nachgebaut werden. Sie werden auch später öfter gebraucht (vgl. die Seiten 40/41, 57, 83).
In einer Ecke des Raumes wird die Sommerlandschaft, in der anderen Ecke die Winterlandschaft aufgebaut. Auf einer Kartonfläche, die in ihrer Größe an die verschiedenen Räumlichkeiten anzupassen ist (ideal wäre mindestens ein Quadratmeter Kartonfläche) wird die Landschaft gestaltet. Die Landschaften können durch Farbe unterschiedlich dargestellt werden (z.B. Winterlandschaft weiß, Sommerlandschaft grün und braun) und mit Naturmaterialien, die mit Kleister auf die bemalte Kartonfläche aufgebracht werden, ergänzt werden (z.B. Winterlandschaft: Tannenzweige und Tannenzapfen als Bäume; Sommerlandschaft: Moos, getrocknetes Gras o.ä.). Können keine Naturmaterialien beschafft werden, kann ersatzweise Kreppapier verwendet werden.

Mammutwanderung

Material: selbstherzustellendes Spielfeld und Spielfiguren aus Zeichenkarton, Würfel
Alter: ab 5 Jahren

Dieses Brettspiel ist für etwa 3 bis 8 Spieler geignet und kann leicht selbst hergestellt werden, indem der Spielplan aus diesem Buch mit dem Fotokopierer vergrößert und vielleicht auch noch farbig gestaltet wird. Als Spielfiguren dienen Pappfiguren, die die Kinder nach dem untenstehenden Muster selbst bauen und farbig gestalten können.

Auf dem Spielfeld ist der Weg der Mammuts vom Sommer- zum Winterquartier dargestellt. Zehn der sechzig Wegpunkte des Spielplans sind farblich besonders hervorzuheben. Auf jedem dieser Ereignisfelder, die durch abwechselndes Würfeln der Mitspieler erreicht werden, wartet eine Überraschung auf das betreffende Mammut. Die jeweiligen Mitteilungen an die Mammuts können durch Ereigniskarten, die anzufertigen sind und bei jedem Spielablauf neu gemischt werden können (erhöht die Spannung!), erfolgen. Hier einige Vorschläge für Ereignisse, die während des Spielablaufs eintreten können:

Mammutspielfigur

SOMMERLANDSCHAFT
MAMMUT-
WANDERUNG
WINTERLANDSCHAFT

Die Mammutherde muß einen Fluß überqueren. Das dauert lange.

Setze einmal aus!

Die Mammutherde legt eine Pause in der langen Wanderung ein.

Setze einmal aus!

Die Mammutherde findet einen guten Futterplatz. Alle Tiere fressen sich ordendlich satt und kommen schneller vorwärts.

Rücke fünf Felder vor!

Nach einer guten Mahlzeit können die Mammuts schneller laufen.

Würfele noch einmal!

Gefahr! Ein Höhlenlöwe versucht, ein junges Mammut zu fangen! Die Mammuts fliehen.

Gehe 10 Felder zurück!

In einem Schneesturm verlaufen sich die Mammuts.

Gehe fünf Felder zurück!

Es ist viel Schnee gefallen, so daß die Mammuts nur langsam vorwärts kommen.

Setze zweimal aus!

Die Mammuts können mit ihren Stoßzähnen den Schnee wegschaufeln, um schneller ans Futter zu kommen.

Rücke fünf Felder vor!

Das Wetter ist günstig, die Herde kommt besonders schnell vorwärts.

Alle rücken 10 Felder vor!

Die Herde findet eine Abkürzung.

Rücke 10 Felder vor!

MIT SPATEN UND PINSEL – AUF DEN SPUREN UNSERER VORFAHREN

Wenn wir Aussagen über das Leben unserer Vorfahren vor mehr als 10.000 Jahren machen wollen, können wir leider keinerlei schriftliche Quellen zu Hilfe nehmen, sondern sind auf das angewiesen, was wir heute noch an Knochen, Geräten und anderen Spuren von ihnen finden können. Dies z.T. spärliche Fundmaterial bedarf zudem noch häufig der sorgfältigen Bearbeitung und Interpretation, bevor einigermaßen wahrscheinliche Aussagen möglich sind. Diese Mittel bietet uns die archäologische Forschung.

Archäologen werden häufig für Schatzsucher gehalten, die in der Erde nach verborgenen Schätzen graben. Der Gedanke an Heinrich Schliemann, der den legendären Goldschatz von Troja ausgegraben hat, bestimmt das landläufige Bild von diesen Wissenschaftlern.
Tatsächlich sind die Gegenstände, die die Archäologen bei ihrer mühsamen Arbeit finden, nur äußerst selten aus Gold, und „gegraben" (der Laie stellt sich hier jemanden mit Schaufel oder Spaten vor) wird auch meist nicht, sondern es wird mit sehr viel feinerem Werkzeug gearbeitet.
Ausgehend von Spuren in der Erdoberfläche – dies können Bodenverfärbungen aber auch einzelne Fundstücke sein, die an einer Stelle auffällig werden, wird Schicht für Schicht des Bodens abgetragen, um vorhandene Stücke zu bergen. Als Werkzeuge kommen dabei weniger Schaufeln und Spaten, als Messer, Spachtel und Pinsel zum Einsatz. Es geht den Archäologen dabei nicht nur darum, die Stücke möglichst unversehrt zu bergen, sondern ebenso darum, die genaue Position der Stücke an der Ausgrabungsstelle und ihre Lage zueinander festzuhalten, um eventuell später daraus Rückschlüsse ziehen zu können.

Die archäologische Suche nach Überresten der Steinzeit erstreckt sich zu einem sehr großen Teil auf die Suche nach versteinerten Überresten menschlicher Skelette, die Auskunft über den Körperbau unserer Vorfahren geben können. Selten werden dabei vollständige Skelette gefunden. Einigermaßen vollständige Skelette sind erst ab der Zeit zu erwarten, in der die Menschen ihre Toten begraben haben. Dies begann beim Neandertaler, so daß hier auch einige nahezu vollständig erhaltene Skelette gefunden worden sind.
Auch beim Cro-Magnon Menschen liegt eine Zahl vollständig oder doch zumindest fast vollständig erhaltener Skelette vor. In den Gräbern werden häufig neben den Knochen auch Grabbeigaben gefunden, die darauf schließen lassen, daß der Tote für seine Reise mit lebensnotwendigen Gegenständen versorgen werden sollte. Hier sind vor allem Werkzeuge und Geräte aus Stein hervorzuheben. Gegenstände aus Holz werden sicherlich auch in die Gräber gelegt worden sein, hatten aber nicht die Chance, erhalten zu bleiben, so daß wir über sie nur Vermutungen anstellen können.

Ein weiteres Ziel von Ausgrabungen ist es, Überreste von Ansiedlungen unserer Vorfahren zu finden. Unter Felsüberhängen und in Höhleneingängen wurden beachtlich viele Geräte aus Stein gefunden, die uns ein Bild über die frühen Bewohner dieser Stätten vermitteln können. Auch Überreste von Feuerstellen deuten auf eine frühe Besiedlung hin.
Es gab aber offensichtlich auch andere Siedlungsformen. So sind Überreste von Zeltlagern oder auch von Hütten bekannt, die ebenfalls zeitweilig bewohnt waren. Nach den spärlichen Funden - häufig sind es nur Verfärbungen im Boden, durch die auf Pfosten oder Wände geschlossen werden kann - rekonstruieren die Wissenschaftler die vorgeschichtlichen Wohnstätten. Hanna und Philipp haben in einem archäologischen Freilichtmuseum solche Zelte und Hütten unserer Vorfahren kennengelernt.

Wichtige Anmerkung zu den Ausgrabungsspielen

Die nachfolgend beschriebenen Spiele sollen den Kindern die Arbeit der Archäologen näherbringen und ihnen zeigen, wie durch Ausgrabungen Erkenntnisse über unsere Vorfahren gewonnen werden. Es sollte an geeigneter Stelle darauf hingewiesen werden, daß es dem Laien verboten ist, tatsächliche Ausgrabungen durchzuführen. Erlaubt ist lediglich das Sammeln von sogenannten „Oberflächenfunden", das sind Fundstücke, die an der Erdoberfläche (z.B. auf frisch gepflügten Feldern) gefunden werden können. Auch diese Funde sollten jedoch dem zuständigen Amt für Bodendenkmalpflege gemeldet werden. Dort können auch alle anderen Beobachtungen, die auf archäologische Funde schließen lassen, gemeldet werden, damit die Zeugnisse der Vergangenheit vor der Zerstörung bewahrt werden. Die Kinder sollten wissen, daß sie auf keinen Fall selbständig „Ausgrabungen" durchführen, wenn sie glauben, irgendwelche Anzeichen von Bodenfunden entdeckt zu haben!

Archäologenspiel

Material: Gegenstände zum Vergraben (alter Blumentopf, Gläser)
Alter: Varianten für alle Altersstufen

Zur Vorbereitung werden mehrere Gegenstände vergraben, die hinterher gefunden werden sollen. Dabei kann in verschiedenen Schwierigkeitsgraden vorgegangen werden.

☆ Am einfachsten ist es, einen Gegenstand (z.B. Blumentopf) in einem begrenzten Gebiet von etwa einem Quadratmeter zu vergraben und ihn durch die Spieler ausgraben zu lassen.

☆ Schwieriger ist es schon, wenn die jungen Archäologen innerhalb eines größeren Gebietes die erfolgversprechenden Stellen, an denen gegraben werden soll, selbst aufspüren müssen. Hier können sie z.B. auf frische Erdspuren achten, die darauf hindeuten, daß Erde bewegt wurde, um etwas zu vergraben.

☆ Auch zerbrechlichere Gegenstände können gesucht werden, die bei der Ausgrabung beschädigt werden könnten. Dies zwingt die jungen Archäologen, vorsichtiger zu arbeiten.

☆ Schließlich kann der zu vergrabende Gegenstand vorher in Stücke zerschlagen werden. Wenn dann noch z.B. Blumentopfscherben unterschiedlicher Größe gesucht werden müssen, kommt für die Archäologen nicht nur die Aufgabe hinzu, die Gegenstände richtig zusammenzusetzen, sondern vorher muß auch sortiert werden, welche der gefundenen Scherben zusammen passen.

☆ Den Aufgaben der wirklichen Archäologen kommt es am nächsten, von jedem Gegenstand einen oder mehrere Teile nicht zu vergraben. Die ausgegrabenen Fundstükke können dann natürlich nicht komplett sein und folgerichtig auch nicht zusammengesetzt werden. Die Archäologen haben nun die Aufgabe, ihre Fundstücke zu ordnen und die fehlenden Teile ihrer „Puzzle" aus anderem Material (Knetgummi) zu ergänzen.

Das Archäologenspiel kann für ältere Mitspieler durch Kombination verschiedener Aufgaben in seinem Schwierigkeitsgrad so gesteigert werden, daß es ein mehrtägiges Projekt darstellt. Dies kommt auch der wirklichen Arbeit der Archäologen am nächsten. Es kann sich innerhalb dieser Tage eine Arbeitsteilung innerhalb der Gruppe ergeben, so daß sich hinterher regelrechte Spezialisten für die unterschiedlichen Aufgaben entwickeln. Wenn genügend Zeit vorhanden ist, ist solch ein mehrtägiges Archäologenspiel sicherlich ein hervorragender Einstieg in die Beschäftigung mit der Steinzeit.

Hanna und Philipp auf Spurensuche

Das Mammutspiel hat Hanna und Philipp viel Spaß gemacht. Immer wieder müssen sie darüber nachdenken, daß es zur Zeit der Mammuts ja auch schon Menschen gegeben hat. Wie die denn wohl vor so langer Zeit gelebt haben, können sich Hanna und Philipp nicht vorstellen. Die Mutter hat ihnen ein Bild von einer Hütte aus Zweigen und Blättern gezeigt. In solchen Hütten sollen die Menschen dieser Zeit gelebt haben.

Und dann kommt das nächste Wochenende und die Eltern sagen, daß sie am Sonntag zu einem Museum fahren wollen, das nicht in einem Haus untergebracht ist, sondern draußen, unter freiem Himmel – also eigentlich gar kein Museum, sondern ein Park. Und dort sollen auch solche Hütten stehen, wie sie die Steinzeitmenschen hatten.

Tatsächlich fährt die Familie am Sonntag zu diesem Museum. Und tatsächlich ist es eigentlich gar kein Museum, sondern ein großer Park. Hier können Hanna und Philipp herumlaufen und niemand sagt: „Geh langsam! Sei vorsichtig! Psst, nicht so laut!" Und tatsächlich sind auch Wohnungen der Steinzeitmenschen zu besichtigen.

Gleich am Eingang steht ein Zelt, ähnlich einem Indianerzelt. In solchen Zelten haben unsere Vorfahren gelebt. Und da sind ja auch zwei solche Hütten, wie sie die Mutter im Bild gezeigt hat. Von den Hütten sind allerdings nur Gerüste aus Ästen zu sehen, aber so können Hanna und Philipp sich einigermaßen vorstellen, wie denn eine solche Hütte gebaut wurde.

Eins kommt Hanna und Philipp jedoch merkwürdig vor: Damals, als die Steinzeitmenschen lebten, gab es doch diesen Museumspark sicherlich noch nicht. Wieso haben sie dann gerade hier zwei solche Hütten und ein Zelt hingebaut?
„Ja", gibt die Mutter zu, „da habt ihr recht, warum hätten sie das tun sollen! Aber wenn die Steinzeitmenschen diese Hütten und dieses Zelt auch tatsächlich gerade hier gebaut hätten, wäre alles längst nicht mehr da. Forscher haben diese Hütten und dieses Zelt nachgebaut, damit wir uns heute besser vorstellen können, wie die Steinzeitmenschen gelebt haben." – „Aber, wenn es solche Hütten gar nicht mehr gibt, woher wissen denn die Forscher dann, daß sie einmal so ausgesehen haben?" fragt Hanna ungläubig. „Na, aus Büchern", meint Philipp. „Quatsch", murrt Hanna, „und woher wissen die Leute das, die diese Bücher geschrieben haben? Haben die sich das einfach so ausgedacht?"

„Nein, nein", erklärt der Vater, „die Forscher denken sich so etwas nicht einfach aus. Seht mal, zwar sind die Hütten und Zelte aus der damaligen Zeit nicht mehr da, aber es gibt Reste von ihnen. Da, wo früher einmal ein Ast im Boden steckte, kann der Boden heute zum Beispiel eine etwas andere Farbe haben. Solche Spuren suchen die Forscher. Und sie finden auch Gegenstände, die die Steinzeitmenschen gehabt haben." – „Und wie finden sie die?" will Hanna wissen. „Nun", meint der Vater, „sie graben in der Erde danach. Dabei wühlen sie allerdings nicht einfach mit einer Schaufel in der Erde herum, denn das, was sie suchen, könnte dabei ganz leicht zerstört werden. Sie müssen sehr vorsichtig vorgehen. Wißt ihr was? Wenn wir nach Hause kommen, versuchen wir auch einmal, etwas auszugraben, was die Mutter vorher versteckt hat. Jetzt schauen wir uns erst hier noch ein bißchen um. Hier gibt es nämlich einiges zu sehen, was die Forscher bei ihrer Suche gefunden haben."
Tatsächlich bleiben sie noch eine ganze Weile in dem Freilichtmuseum und schauen sich genau dort um. Aber trotzdem freuen sich die Kinder, als es wieder nach Hause geht. Denn sie sind sehr gespannt auf das Ausgrabungsspiel.

IN ZELTEN UND HÜTTEN – WOHNEN IN DER STEINZEIT

Wie bereits oben angedeutet, sind uns Überreste von steinzeitlichen „Wohnungen" erhalten geblieben. Zunächst stellen wir uns unter einer Steinzeitwohnung wohl eine Höhle vor, in der die steinzeitliche Sippe haust. Tatsächlich sind – wie oben erwähnt – Höhlen bewohnt worden, allerdings wohl eher in ihren Eingangsbereichen. Das Innere der Höhlen war zu dunkel, kalt und unwirtlich, als daß die steinzeitlichen Menschen dort länger gewohnt haben können.
Viele Funde sind in Höhlen und insbesondere in den Eingangsbereichen der Höhlen gemacht worden, weil die Chancen auf unzerstörte Erhaltung solcher Gegenstände in einer Höhle naturgemäß sehr viel besser sind, als im Freiland. Bedenken wir jedoch, daß natürliche Höhlen nicht zu häufig vorkommen, wird klar, daß es auch andere Behausungen im freien Land gegeben haben muß.

Für das Leben einer Gruppe von Jägern und Sammlern ist der Aufenthalt an einem bestimmten Ort nicht unbegrenzt lange möglich. Tierherden wandern, und so werden die steinzeitlichen Jäger den Herden gefolgt sein. Somit durften sie nicht an einen bestimmten Ort gebunden sein.
Auch gerade das Sammeln ist aber nicht unbegrenzt lange an einem Ort möglich. Nach einiger Zeit des Aufenthaltes ist die nähere Umgebung des Wohnortes abgeerntet – es lassen sich keine eßbaren Früchte, Blätter oder Knollen mehr finden, ohne daß unzumutbar weite Wege in Kauf genommen werden müßten. Deshalb ist es praktischer, nach einer gewissen Zeit den Wohnort zu verlassen und nach einem neuen, geeigneten Siedlungsplatz Ausschau zu halten.

Diese umherstreifende, nomadische Lebensweise von Jäger- und Sammlervölkern, die auch bei heutigen Jäger- und Sammlerstämmen noch zu beobachten ist, verbietet den Bau von festen Häusern, weil dies viel zu aufwendig wäre. Als Wohnstätten kommen sehr viel eher Zelte, die auf der Wanderung mitgenommen werden können, oder einfach und schnell zu bauende Hütten in Frage.

Tatsächlich wurden bei Ausgrabungen an prähistorischen Siedlungsplätzen Überreste von solchen aus Zelten (z.B. in Ahrensburg oder Gönnersdorf) oder Hütten (z. B. in Westerkappeln) gebauten Lagern gefunden.
Die Zelte der altsteinzeitlichen Menschen waren wohl vorwiegend Sommerlager. Sie erinnern an indianische Tipis, waren aber wohl flacher als diese. Über einer Basis von etwa 5m Durchmesser erhob sich eine Konstruktion aus Stämmen, in der damaligen Tundrenlandschaft vermutlich meist Birkenstämme. Über dieser Holzkonstruktion wurde eine Zelthaut aus Rentier- und Hirschfellen aufgebracht. Wohl an die 50 Felle wurden zu dieser Zelthaut zusammengenäht. In der Mitte des Zeltes befand sich die Feuerstelle. So ein Zelt mag etwa Platz für fünf bis sechs Bewohner geboten haben. Aus Rekonstruktionen wissen wir, daß eine derartige Zeltkonstruktion aus unbehandelten Fellen etwa ein Jahr lang haltbar ist.
Die Hütten waren wohl größer als die Zelte, sie mögen eine bis zu 20-köpfige Jäger- und Sammlergruppe beherbergt haben. Sie bestanden ebenfalls aus Gerüsten von Stämmen (wahrscheinlich ebenfalls Kiefern- oder Birkenstämmen), die oben zusammengebogen und mit Zweigen oder Lederstreifen verbunden wurden. Das korbartige Gerüst wurde dann mit Farnen, Schilf oder langen Gräsern gedeckt.
Als Siedlungsplätze sind schließlich auch Höhlen nachgewiesen. Vor allem die helleren und wärmeren Eingangsbereiche der Höhlen waren Ziel der Besiedlung durch den Menschen. Zahlreiche Höhlen werden wohl immer wieder durch die gleiche oder auch durch verschiedene Gruppen bewohnt gewesen sein. Noch heute sind an manchen Höhleneingängen die dunklen Spuren der Feuerstellen, die im Eingang der Höhlen angelegt wurden, zu sehen.
Auch Felsüberhänge boten ideale Siedlungsplätze. Insbesondere im Perigord in Frankreich, wo solche natürlichen Felsdächer in recht großer Zahl vorkommen, sind sie als bevorzugte Siedlungsplätze bekannt. Vor allem wenn sie in Richtung Süden gelegen waren, boten sie Schutz vor der Witterung und ermöglichten gleichzeitig einen Ausblick auf das darunter liegende Tal, so daß vorbeiwandernde Tierherden rechtzeitig gesichtet werden konnten. Häufig wurde aus Ästen und Tierfellen ein Zeltdach gebaut, das an den Felsüberhang angelehnt noch mehr Schutz vor der Witterung bot.

Überhaupt dürfte das Feuer eine wichtige Rolle im steinzeitlichen Lager eingenommen haben. Das Feuer war für die altsteinzeitlichen Menschen nicht nur Licht- und Wärmequelle, sondern es bot auch Schutz, denn es schreckte wilde Tiere ab. Zudem wird es als Versammlungsstätte genutzt worden sein. Der Gebrauch des Feuers ist bereits den Vorfahren des Neandertalers bekannt, erst der Neandertaler konnte aber wohl das Feuer selbst erzeugen. Zum Feuermachen kamen im wesentlichen zwei Methoden in Frage: das Funkenschlagen mit Feuersteinen und das Feuerbohren.
Beim Feuerbohren wird ein etwas angespitztes Holzstück auf einem anderen Holzstück schnell gedreht. Durch die Reibung entsteht Wärme, mit deren Hilfe schließlich ein Feuer entfacht werden kann. Sicher hat der Cro-Magnon-Mensch diese Methode perfektioniert. Wird nämlich der obere zu drehende Stab in eine Öffnung in das untere Holz eingepaßt, so wird die Reibungsfläche erhöht. Wenn dann noch – nach der Erfindung des Bogens – der Bogen dazu benutzt wurde, das Holz schneller zu drehen, so dürfte der Cro-Magnon-Mensch das Feuer mit weitaus weniger Mühe hergestellt haben, als seine Vorgänger.

Hanna, Philipp und die Steinzeithöhlen

Als Hanna und Philipp ihren Freunden von dem Museumspark mit den Steinzeitwohnungen erzählen, ernten sie ein ungläubiges Staunen. „Aber die haben doch in Höhlen gewohnt", meint Freddy, „das weiß ich ganz genau. Ich habe es in einem Buch gesehen!" Sollten sie vielleicht im Museumspark etwas falsches gesehen haben?
„Nein," überlegt die Mutter, „falsch war das ganz bestimmt nicht, was ihr im Museum gesehen habt. Aber das eine schließt ja das andere nicht aus. Sicherlich haben die Steinzeitmenschen auch in Höhlen gewohnt, aber außerdem haben sie sich dort, wo es keine Höhlen gab, andere Wohnmöglichkeiten gesucht. Und so haben sie dort eben Zelte und Hütten gebaut." – „Ich stelle mir das ganz schön ungemütlich vor in einer Höhle", meint Hanna. „Da ist es doch dunkel und kalt und feucht drin, wer soll denn da wohl wohnen?" – „Ja, das stimmt schon", gibt die Mutter zu, „und deshalb haben die Steinzeitmenschen auch meist nicht tief im Inneren der Höhlen gewohnt, sondern sie haben es sich in den Höhleneingängen bequem gemacht, wo noch genug Licht hineinkam und wo es auch nicht ganz so kalt war. Und außerdem haben sie am Eingang der Höhle ein Feuer gemacht, so daß es dort doch ganz gemütlich war."
„Na, ihr seid schon wieder bei den Steinzeitmenschen", lacht der Vater, der gerade nach Hause kommt. Und nach einem Blick ins Kinderzimmer fügt er hinzu „Aber daß es in den Steinzeithöhlen so unaufgeräumt war, wie in eurem Kinderzimmer, kann ich mir eigentlich gar nicht vorstellen."
Da müssen auch Philipp und Hanna lachen. Der Vater hilft ihnen beim Aufräumen des Zimmers und erzählt dabei weiter von den Steinzeithöhlen. „Das Feuer am Höhleneingang war eine wichtige Sache für die Steinzeitmenschen. Es brachte nicht nur Licht und Wärme, sondern es gab ihnen auch einen Schutz vor den wilden Tieren, die es damals noch gab." – „Ja, das stimmt", meint Philipp, „die Indianer zünden auch Feuer an, um wilde Tiere fernzuhalten. Denn die Tiere haben Angst vor dem Feuer und machen so einen großen Bogen um die Menschen. Und so können sie beruhigt schlafen, denn sie wissen: so lange das Feuer brennt, können uns die Tiere nichts tun, weil sie nicht zu nahe an uns herankommen."

„Ja, und ein Feuer ist auch sehr gemütlich", sagt Hanna und denkt dabei an das Lagerfeuer, das sie vor einigen Wochen mit den Eltern gemacht haben. „Dort ist es gemütlich und es werden spannende Geschichten erzählt. Das haben die Steinzeitmenschen bestimmt auch gemacht. Nur: wie haben sie denn ein Feuer angezündet? Hatten die denn schon Streichhölzer oder Feuerzeuge?" – „Quatsch", meint Philipp, „die haben aus Feuersteinen Feuer geschlagen."

„Ja, das stimmt auch", sagt der Vater, aber sie hatten auch schon so eine Art Streichhölzer. Die sahen nur ganz anders aus, als unsere Streichhölzer heute. Es waren Holzstücke, die aneinandergerieben wurden. Wenn wir ein Streichholz anzünden, reiben wir mit dem Streichholzkopf über die Reibfläche der Streichholzschachtel. Und wenn Gegenstände aneinandergerieben werden, werden sie warm." – „Das stimmt", sagt Hanna, „wenn ich meine Hände aneinanderreibe, werden sie ganz warm." – „Siehst du", meint der Vater, „und weil der Streichholzkopf aus einem Material ist, das sehr schnell brennt, genügt diese Wärme, um es zu entzünden. Nun hatten die Steinzeitmenschen solche Streichholzköpfe noch nicht, aber die Holzstücke wurden auch so warm, wenn sie lange genug aneinander gerieben wurden. Und wenn das Holz dann so warm wurde, daß es anfing zu glimmen, dann haben die Steinzeitmenschen schnell leicht brennbares Material dazugelegt, trockens Gras oder trockene Blätter zum Beispiel und konnten so ein Feuer machen."

Philipp ist begeistert. „Das müssen wir sofort ausprobieren" schlägt er vor, und weil die Mutter gerade zum Abendessen ruft, fügt er vorsichtig hinzu „nach dem Abendessen." Aber der Vater sagt: „Diese Art des Feuermachens dauert so lange, daß das wohl etwas spät werden würde. Aber wenn wir am Wochenende mal einen ganzen Nachmittag Zeit haben, dann können wir ja mal versuchen, wie die Steinzeitmenschen Feuer zu machen."

Anlegen einer Feuerstelle

Material: große und kleine Holzstücke, Zeitungspapier, Grillanzünder, Steine zur Abgrenzung der Feuerstelle
Alter: ab 4 Jahren (unter Aufsicht)

Ein Ring aus zusammengelegten Steinen begrenzt die Feuerstelle. In der Feuerstelle werden Holzstückchen luftig aufgestapelt. Wenn diese brennen, werden vorsichtig größere Holzstücke nachgelegt. Das Entflammen der Feuerstelle kann sich (insbesondere wenn das Holz nicht ganz trocken ist) schwierig gestalten. Nicht ganz stilecht, dafür aber sehr wirkungsvoll, ist die Zuhilfenahme einer Zeitung oder gar von Grillanzündern in der Mitte des ersten Holzstapels.

Feuermachen wie in der Steinzeit

Material: kleines Holzbrett, Rundholz (etwa 20 cm lang), Holzleiste (etwa 50 cm), Bindfaden
Alter: ab 8 Jahren (unter Aufsicht)

Nicht ganz einfach, aber immerhin möglich ist es, ohne moderne Hilfsmittel wie Feuerzeug oder Streichhölzer, ein Feuer zu entfachen.
In das Brett wird ein Loch in der Stärke des Rundholzes (etwa 10 mm) gebohrt, wobei darauf geachtet werden muß, daß das Brett nicht ganz durchbohrt wird. An den Enden der Holzleiste wird ein Bindfaden befestigt. Dieser Bindfaden wird in einer Schlaufe um das Rundholz gelegt. Das Rundholz wird senkrecht in die vorbereitete Öffnung des Holzbretts gestellt und mit leichtem Fingerdruck in der Bohrung festgehalten.
Durch Hin- und Herbewegen des „Bogens" wird das Rundholz in Drehung versetzt und es entsteht Reibungswärme. Bilden sich erste Rauchwölkchen, können trockene Gräser oder sehr dünne Holzstückchen entzündet werden, um die Feuerstelle in Brand zu setzen.

Hinweis: Diese Methode zum Feuermachen ist recht zeitaufwendig und eignet sich daher nicht unbedingt für ungeduldige Menschen, aber auch der mißglückte Versuch kann lehrreich sein, denn er zeigt uns, wie einfach wir es heute haben.

Anlage einer „kalten" Feuerstelle

Material: große und kleine Holzstücke, Steine zur Abgrenzung der Feuerstelle, evtl. etwas rotes und gelbes Papier
Alter: ab 4 Jahren

In einem Ring aus Steinen werden die Holzstücke wirkungsvoll wie bei einer echten Feuerstelle angeordnet. Da die Feuerstelle nicht angezündet wird, kann die fehlende Flamme aus rotem und gelbem Papier nachgestaltet und in die „Feuerstelle" eingebaut werden.

Bau eines Mini-Zeltdaches

Material: einige Besen- bzw. Schrubberstiele, Wolldecke, Wäscheklammern
Alter: ab 4 Jahren

Ein Mini-Zeltdach innerhalb der Wohnung ist schnell aufgebaut. An einen Tisch, der als Ersatz für einen Felsüberhang dient, werden die Besenstiele gelehnt. Die Decke wird darübergelegt und notfalls mit einigen Wäscheklammern befestigt. Als Feuerstelle kommt hier natürlich nur eine „kalte" Feuerstelle in Frage.

Bau eines Zeltdaches

Material: Mehrere lange Holzstangen; Zeltplane (ideal wären mehrere zusammengenähte Tierfelle), Bindfaden
Alter: ab 5 Jahren

Die Stangen werden an eine Wand, möglichst eine Felswand, die bereits einen leichten Überhang bietet, angelehnt. Die Zeltplane wird mit Bindfäden so an den Stangen festgebunden, daß sie zur freien Seite hin den „Wohnraum" abschließt. Bei dem Anlegen einer Feuerstelle im Zelt ist darauf zu achten, daß das Feuer nicht so hoch brennt, daß Stangen oder die Zeltplane Feuer fangen können.

Bau eines großen Zeltes

Material: Einige lange Holzstangen, mehrere große Zeltplanen oder viele aneinandergenähte Tierfelle, Bindfaden
Alter: ab 6 Jahren

Die Holzstangen werden im Kreis so aufgestellt, daß sie oben zur Mitte übereinanderliegen. Die „Spitze" wird mit Bindfaden fixiert; unten können die Holzstangen leicht in den Erdboden eingegraben werden. Über das Zeltgerüst werden nun die Planen gelegt und mit Bindfaden befestigt. Wenn oben in der Mitte eine kleine Stelle freibleibt, kann sie als Abzug für die Feuerstelle dienen.

Bau eines Minizeltes

Material: einige Besen- bzw. Schrubberstiele, Wolldecken, Bindfaden, Wäscheklammern
Alter: ab 4 Jahren

Die Besenstiele werden schräg aneinandergelegt und oben mit Bindfaden zusammengebunden. Über das Zeltgerüst werden die Wolldecken gelegt und gegebenenfalls mit Wäscheklammern befestigt.

Steinzeithütte

Material: für das Gerüst: viele große Äste; zum Decken der Hütte: viele Zweige, Schilf, notfalls Gras; Bindfaden
Alter: ab 6 Jahren

Die zum Bau der Hütte zahlreich benötigten Zweige und Äste sind im Normalfall nicht leicht zu beschaffen. Ratsam ist es, sich zu erkundigen, wo in der Nähe umfangreiche Baumpflegearbeiten durchgeführt werden, um dort das Material zu besorgen. Vielleicht hilft auch das Grünflächenamt der zuständigen Gemeinde bei der Beschaffung des Materials. Es sollte selbstverständlich sein, daß nicht eigens für den Bau der Hütte das benötigte Material einfach im Wald „beschafft" werden kann.
Zunächst wird ein großer Ast so an beiden Seiten eingegraben, daß ein Rundbogen entsteht. Mehrere solcher Rundbogen im Abstand von etwa 50 cm ergeben ein tunnelartiges Gerüst, aus dem die Hütte entsteht. Zur Stabilisierung werden die Rundbogen mit anderen Ästen aneinandergebunden. Die freien Felder des Gerüstes werden nun mit Zweigen, Schilf oder Gras gedeckt. Das Material, das die Hütte eindeckt, wird mit Bindfäden am Gerüst festgebunden. Bei sorgfältiger Konstruktion ist eine solche Hütte über einen längeren Zeitraum gebrauchsfähig.

Winterlager-Modell

Material: Winterlandschaft (vgl. S.22); Karton, Zeitungspapier, Tapetenkleister, Farbe, Tannenzapfen und Tannenzweige, Kreppapier, kleine Aststückchen, Fell- oder Lederstücke, kleine Steinchen, Klebstoff
Alter: ab 5 Jahren

Die Wohnstätte unter einem Felsüberhang war insbesondere für den Winter sehr geeignet, da sie mehr als Hütten oder Zelte geeignet war, vor der strengen Witterung zu schützen. Das bereits begonnene Modell der Winterlandschaft wird folgendermaßen ergänzt:
An den Rand der Winterlandschaft wird zunächst eine Felswand mit Felsüberhang angebaut. Das Gerüst des Felsmassivs läßt sich gut aus Kartonstücken herstellen. Dieses „Gerippe" wird mit Zeitungspapier und Tapetenkleister überzogen. Hierbei ist darauf zu achten, daß die Struktur der „Felswand" nicht glatt, sondern uneben gestaltet wird, damit sie möglichst echt aussieht. Nach dem Trocknen wird die Felswand mit verschiedenen Ocker- und Brauntönen farblich gestaltet. Mit Naturmaterialien wie z.B. Tannenzapfen und -zweigen können Bäume und Büsche hergestellt werden. Um die Landschaft winterlich zu gestalten, bietet es sich an, mit Wattebäuschen Schnee anzudeuten.
Kleine Aststücke werden an die Felswand angelehnt und festgeklebt. Die Leder- oder Fellstücke werden als Zeltplane so an die Stangen angeklebt, daß sie zur freien Seite hin den Wohnraum abschließen. Im Eingangsbereich wird aus Aststückchen und kleinen Steinchen eine Feuerstelle angedeutet.

Sommerlager-Modell

Material: Sommerlandschaft (vgl. S. 22) Aststücke, Stoff-, Leder- und Fellreste, getrocknete Gräser, Alleskleber
Alter: ab 5 Jahren

Die Hütten und Zelte, in denen die Steinzeitmenschen im Sommer wohnten, können in die Sommerlandschaft integriert werden. Zum Bau einer Hütte werden Zweige in Form eines Rundbogens gebogen und auf dem Untergrund der Sommerlandschaft festgeklebt. Die Rundbögen werden seitlich mit anderen Zweigen so verbunden, daß sich das Gerüst einer Hütte ergibt. Mit getrockneten Gräsern und Klebstoff wird die Hütte eingedeckt.
Zum Bau eines Zeltes werden zunächst Zweige im Kreis so aufgestellt und verklebt, daß sie oben zur Mitte übereinanderliegen. Über dieses Zeltgerüst werden Planen aus Leder-, Stoff- oder Fellresten geklebt.

Wieviel Platz war im Steinzeit-Zelt?

Material: Decken, „kalte" Feuerstelle (vgl. S. 38)
Alter: ab 6 Jahren oder jünger

Ein interessantes Experiment zum Platzbedarf der Steinzeitsippe läßt sich recht einfach im möglichst leergeräumten Spielzimmer durchführen.
Den Mittelpunkt des Raumes bildet die „kalte" Feuerstelle. Alle Mitglieder der Steinzeitsippe sollen sich möglichst eng aneinander um die Feuerstelle legen. Dabei kann besprochen werden, wie kalt es in der Steinzeit war, und daß der Platzbedarf jedes einzelnen sehr viel geringer war, als unserer heute, denn es brachte Vorteile, sich möglichst eng aneinanderzukuscheln. Um die liegende Personengruppe wird mit Kreide ein Kreis gezogen, der die Grenze des Zeltes markiert. Nachdem das „Zelt" wieder geräumt ist, können Überlegungen angestellt werden, welche Einrichtungsgegenstände eines modernen Kinderzimmers wohl im Steinzeitzelt keinen Platz gehabt hätten!

FAUSTKEIL UND NÄHNADEL – TÄGLICHES LEBEN

Das tägliche Leben in der Steinzeit war stark durch die Werkstoffe, die zur Verfügung standen, um Gegenstände für den täglichen Bedarf herzustellen, geprägt. Wie eingangs erwähnt hat die Steinzeit ihren Namen daher, daß die meisten Gegenstände, die uns aus dieser Zeit erhalten geblieben sind, aus Stein hergestellt waren. Daneben wurden jedoch auch andere Materialien wie Knochen, Geweihe und wohl vor allem Holz zur Herstellung von Geräten und Werkzeugen verwendet.

Die Steinbearbeitung begann lange vor der Zeit des Neandertalers. Die ersten bearbeiteten Steingeräte sind die sogenannten „Chopper-Tools", die bereits vor mehr als einer Million Jahren hergestellt und benutzt worden sind. Dabei handelt es sich – einfach gesagt – zunächst einmal um durchgebrochene Steine, deren scharfe Kanten zum Schneiden und Schaben benutzen werden konnten. Lange Zeit wurden solch einfache Steingeräte genutzt. In der Neandertalerzeit erreicht die Steinbearbeitung dagegen eine höhere Vollkommenheit, die dann beim Cro-Magnon-Menschen noch einmal wesentlich gesteigert wird.

Die Steingeräte wurden aus verschiedenen Steinen gefertigt. Die besten Resultate wurden mit Feuersteinen, dem wohl ältesten Rohstoff, den der Mensch zur Geräteherstellung benutzt hat, erzielt. Feuersteine sind sehr hart und lassen sich sehr leicht spalten. Die aus dem Feuerstein gewonnenen Abschläge sind sehr scharfkantig und lassen sich so leicht zu Schneidegeräten verarbeiten. Dort, wo Feuerstein nur begrenzt oder gar nicht zur Verfügung stand, mußte auf andere Gesteinsarten zurückgegriffen werden.

Um langschmale Abschläge – die sogenannten „Klingen" – aus Feuerstein zu gewinnen, wird die Feuersteinknolle zunächst so bearbeitet, daß eine annähernd ebene Fläche entsteht. Nachdem dann die Kanten so präpariert worden sind, daß ein Grat entsteht, wird in diesem Grat ein Stück Holz oder Geweih als „Meißel" angesetzt. Mit Schlägen auf diesen Meißel werden dann Klingen vom Kernstein abgespalten. In einer anderen Technik werden mit Schlaggeräten aus Holz oder Geweih, die zwar weicher als Stein, dafür aber zäher und elastischer sind, von der ebenen Fläche des Kernstücks direkt sehr dünne Klingen abgeschlagen. Diese Feuersteinklingen können dann zu vielseitigen Geräten weiterverarbeitet werden.

Es ist davon auszugehen, daß viele Geräte aus Stein wie auch aus Knochen mit einem hölzernen Schaft versehen waren. Die Verbindung zwischen Holz und Stein konnte durch Festbinden mit Sehnen oder Pflanzenfasern geschehen oder auch durch Kleben. Es wird vermutet, daß zum Kleben Gemische aus Baumharzen und Bienenwachs benutzt wurden; in der experimentellen Archäologie werden solche Klebstoffe jedenfalls erfolgreich benutzt. Insbesondere ein Gemisch aus zwei Teilen Kiefernharz und einem Teil Bienenwachs, was in der Nähe des Feuers sehr schnell weich und zähflüssig wird und nach dem Erkalten wieder erstarrt, zeigt zum Beispiel bei der Verbindung von Speerspitzen aus Stein und hölzernen Speerschäften sehr gute Klebeeigenschaften.

Dies deutet schon auf einen weiteren prähistorischen Werkstoff hin: auf Holz. Tatsächlich war auch die Holzbearbeitung sicherlich nicht einfach, denn die Geräte zur Holzbearbeitung bestanden ja ausschließlich aus Feuerstein. Als Material für Lanzen und Speere war Holz wohl unverzichtbar, ebenso ist die spätere Konstruktion eines Bogens gegen Ende der Altsteinzeit ohne Holz nicht denkbar. Weitere Werkstoffe waren schließlich Knochen- und Geweihstücke, die z.B. zu Pfeil- und Harpunenspitzen oder Nähnadeln verarbeitet wurden. Holz-, Knochen- oder Geweihstücke wurden mit Feuersteinabschlägen bearbeitet, d.h. in ihre Form gebracht, geglättet und sogar durchbohrt - Vorgänge, die sicherlich recht zeitaufwendig gewesen sind.

Einen weiteren wichtigen Bestandteil des täglichen Lebens macht die Kleidung aus. Bereits der Neandertaler schützte sich vor der Witterung, indem er sich in Tierfelle hüllte. Diese Tierfelle waren jedoch noch nicht zusammengenäht, denn die Nähnadel war zur Neandertalerzeit noch nicht erfunden. Wirkliche „Kleidungsstücke", die aus mehreren Teilen bestehen, die zusammengenäht sind, kennt erst der Cro-Magnon-Mensch, der wohl der Erfinder der Nähnadel ist. Zahlreiche Funde belegen, daß die steinzeitliche Nähnadel in der Form unserer heutigen Nähnadel entspricht. Allerdings war sie natürlich noch nicht aus Metall, sondern wurde aus polierten Knochenstücken hergestellt.

Zur Herstellung von Kleidungsstücken wurden die Tierhäute zunächst mit einem Steinschaber bearbeitet und gespannt. Mit einer scharfen Feuersteinklinge konnten die Häute dann körpergerecht zugeschnitten werden. Durch die „geniale" Erfindung der Nähnadel war es sodann möglich, die zugeschnittenen Kleidungsteile mit dünnen Lederfäden oder mit Tiersehnen zusammenzunähen. Die Kleidung der Cro-Magnon-Menschen mußte in erster Linie vor Kälte schützen; sie wird der Kleidung der Eskimos sehr ähnlich gewesen sein.
Eine Zeichnung in der Höhle Gabillou in Frankreich macht Aussagen über die steinzeitliche Mode: eine Frau trägt einen Anorak mit Kapuze. Solche Anoraks, aber auch Hosen, Handschuhe, Kniestrümpfe und Schuhe wurden auf die oben beschriebene Weise hergestellt. Neben der Zweckmäßigkeit wurden die Kleidungsstücke jedoch auch schon unter modischen Aspekten mit kleinen Muscheln, gravierten Knöpfen aus Knochenmaterial oder ähnlichem verziert.

Hanna, Philipp und die Steinzeitmode

An einem regnerischen Nachmittag spielen Hanna und Philipp zusammen in ihrem Zimmer. Dabei fällt ihnen ein Buch mit Abbildungen von Menschen der Steinzeit in die Hände, das sich Philipp in der Bücherei ausgeliehen hat. Sie betrachten die Bilder und Philipp wundert sich: „Komisch, die Steinzeitjäger auf diesen Abbildungen haben nur Lendenschürze an, dabei war es in der Steinzeit doch meist viel kälter als heute!" – „Vielleicht hat denen die Kälte nicht so viel ausgemacht", gibt Hanna zu bedenken. „Bestimmt hat den Steinzeitjägern die Kälte nicht so viel ausgemacht, wie uns heute, aber ich kann mir nicht vorstellen, daß sie keine wärmere Kleidung hatten", meint Philipp, „komm, wir fragen Vater mal!"

„Hallo Paps, du, schau mal, auf diesen Bildern haben die Steinzeitmenschen nur so wenig an, die müssen vielleicht gefroren haben!" begrüßen Hanna und Philipp ihren Vater.

Der schaut sich die Bilder in dem Buch an. „Diese Bilder sind nicht richtig", meint er dazu. „Ihr habt ganz Recht, die Menschen in der Steinzeit waren viel wärmer gekleidet." – „Welche Kleidung hatten sie denn?" fragen Hanna und Philipp. „Nun, sie hatten Hosen aus Leder oder Fell und darüber trugen sie einen Anorak mit Kapuze, auch aus Leder oder Fell." – „Hatten sie denn auch Schuhe", fragt Hanna, „oder liefen sie immer barfuß?" – „Wenn es besonders kalt war, hatten sie auch Schuhe an. Kommt, ich zeige euch einmal Bilder, die stimmen!" schlägt der Vater vor.

„Die sahen ja aus wie heutige Eskimos!" stellt Philipp fest. Sie schauen sich noch einige Abbildungen mit ihrem Vater gemeinsam an, und er erklärt ihnen, wie die Steinzeitmenschen die erste Nähnadel er-

Auf einer Abbildung entdeckt Hanna, daß sie ihre Anoraks sogar mit aufgenähten Schneckenhäusern verziert haben. „Schaut mal", ruft sie, „das sieht ja richtig schick aus!" – „Und so konnten die Kleidungsstükke auch nicht verwechselt werden", überlegt Philipp einen praktischen Grund für diese arbeitsaufwendige Verzierung der Kleidungsstücke. Denn schließlich mußte durch jedes kleine Schneckenhaus ein feines Loch gebohrt werden, bevor es mit einem ganz dünnen Lederfaden und einer ganz dünnen Nähnadel angenäht werden konnte.
Die beiden Kinder unterhalten sich an diesem Nachmittag noch viel über die Kleidung der Steinzeitmenschen. Philipp gefällt am besten eine Weste aus Fell, und er will die Mutter fragen, ob sie ihm solch eine Weste nähen kann. Aber Hanna hat noch eine viel bessere Idee: „So eine Weste können wir doch selber nähen – ganz auf Steinzeitart!"

funden haben und wie sie damit ihre Kleidung hergestellt haben. Es muß sehr mühsam gewesen sein, das Leder erst vorzubohren, damit der Lederfaden durchgezogen werden konnte! Und das Zuschneiden des Leders, um ein passendes Kleidungsstück zu erhalten, war bestimmt auch ganz schön kompliziert! Hanna und Philipp erinnern sich, wie Mutter erstmal Maß nehmen mußte, als sie ihnen neulich noch Hosen genäht hat. „Das Maßnehmen durften die Steinzeitschneider aber nicht vergessen, schließlich waren sie ja auch alle unterschiedlich groß und dick," sagt Hanna und der Vater erklärt, daß es in der Steinzeit zwar schon Nähnadeln gab, aber noch keine Maßbänder. Aber auch dafür hatten sie sich in der Steinzeit schon etwas ausgedacht: Mit einem langen Lederband läßt sich nämlich ebenso gut maßnehmen.

Nähnadel

Material: etwa nadelgroße Knochensplitter, Schmirgelpapier in verschiedenen Körnungen, dünner Bohrer
Alter: ab 6 Jahren

Das Knochenmaterial wird vor der Bearbeitung in Waschmittellauge gekocht, abgefleischt und möglichst durch Einlegen in Benzin entfettet. Die steinzeitliche Nähnadel entsprach in ihrer Form exakt unserer heutigen Nähnadel. Mit Schmirgelpapier wird der Knochensplitter in die Form einer Stopfnadel gebracht. Nachdem mit dem Bohrer ein Nadelöhr angebracht worden ist, wird die Nadel mit feinem und feinstem Schmirgelpapier sorgfältig poliert.

Die Herstellung von Steinzeitkleidung ist recht kompliziert; insofern ist die Unterstützung Erwachsener beim Zuschneiden und Nähen hilfreich und notwendig. Aus diesem Grunde ist bei diesen Spielideen auf Altersangaben verzichtet worden, denn schließlich macht es auch jüngeren Kindern Spaß, die Kleidung nur teilweise selbst herzustellen oder sich auch nur damit zu verkleiden.

Lederschuhe

Material: Leder oder Fell (ersatzweise Teddyfutter), Schere, Schnur, Nadel, Papier, Stift

Um Schuhe, wie sie in der Steinzeit getragen wurden, selber herzustellen, muß zunächst die Größe des Fußes durch das Umzeichnen der Sohle auf dem Leder festgestellt werden. Dann können die beiden Sohlenteile bereits ausgeschnitten werden. Der Schaft des Schuhs kann nach dem Schnittmuster (vgl. Zeichnung) ungefähr zugeschnitten werden, muß dann aber individuell angepaßt werden, bevor der Schaft an der Sohle angenäht wird. Bei der Sohle müssen wiederum 3 cm Nahtzugabe hinzugerechnet werden. Für die Nähte eignet sich der beim Steinzeitanorak beschriebene „Schlingstich".
Wird der Schuh aus Leder hergestellt, müssen vor dem Nähen Löcher für die Stiche in regelmäßigen Abständen vorgebohrt werden.

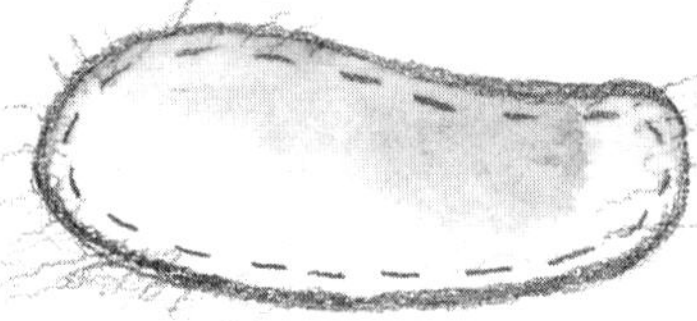

Sohle

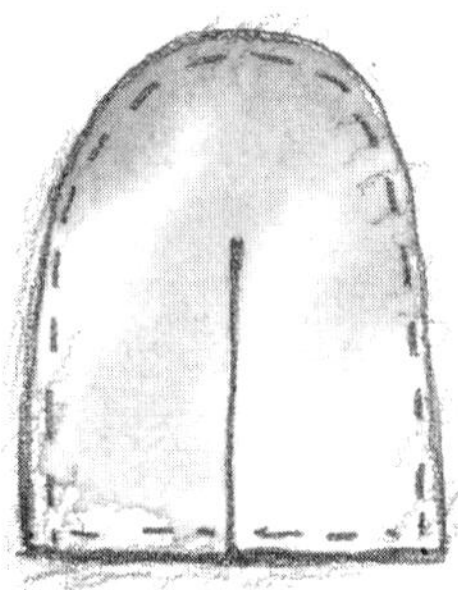

Schuh

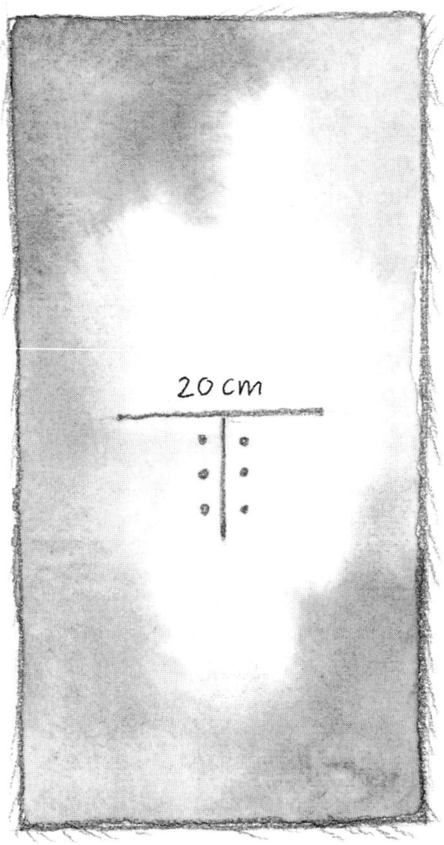

Hemd

Steinzeitanorak

Material: Nessel- oder anderer Baumwollstoff (möglich – allerdings viel teurer – ist auch Leder), Schnur, Nadel, Meßband, Papier, Stift, Schere

Zunächst muß Maß genommen werden: die Länge der Ärmel, der Taillenumfang und die Länge des Anoraks von der Schulter bis zur Hüfte. Nach den festgestellten Maßen kann ein Schnittmuster für den Anorak erstellt werden, das dann auf den Stoff übertragen wird (vgl. Zeichnung). Der Anorak ist zunächst ein locker sitzendes, langärmeliges Hemd mit einer T-förmigen Öffnung, damit der Kopf durchpaßt. Diese Öffnung wird an der Brust mit Schnur wieder geschlossen. Die Kapuze wird aus einem Stück Stoff von etwa 30 cm x 70 cm zugeschnitten (vgl. Zeichnung) und individuell angepaßt, bevor sie an der Halsöffnung angenäht wird.

Selbstverständlich kann dieser Anorak mit einer selbstangefertigten Nähnadel und fester Schnur genäht werden. Ist der Stoff bzw. das Leder sehr fest, müssen vor dem Nähen in regelmäßigen Abständen kleine Löcher für die Stiche vorgebohrt werden. Die Schnur wird an den Ärmeln und an den Seiten des Hemdes mit dem „Heftstich" (vgl. Zeichnung) durchgezogen, die Kapuze wird mit dem Schlingstich (vgl. Zeichnung) angenäht. Bei allen Nähten müssen 3 cm Nahtzugabe berechnet werden.
An der Halsöffnung werden jeweils drei Löcher parallel im Abstand von ca. 2 cm angebracht. Die Schnur wird dann kreuzförmig durchgezogen und oben zu einer Schleife gebunden (vgl. Zeichnung).

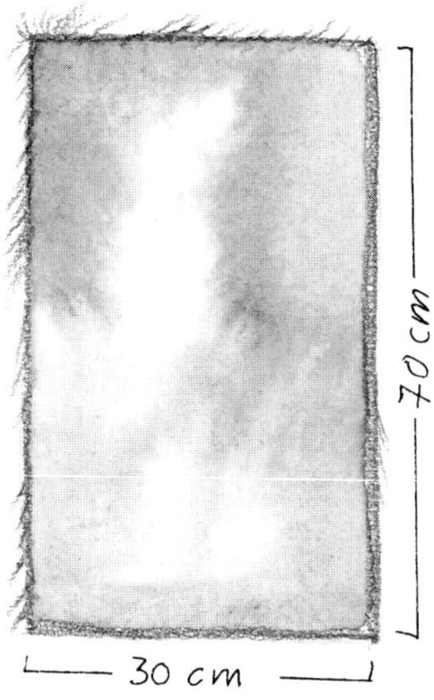

Kapuze

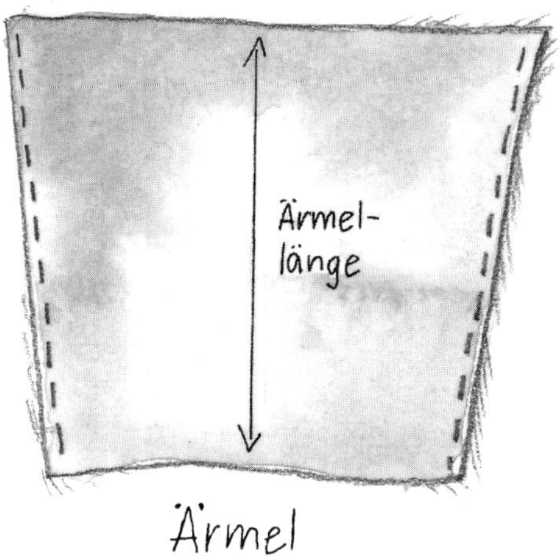

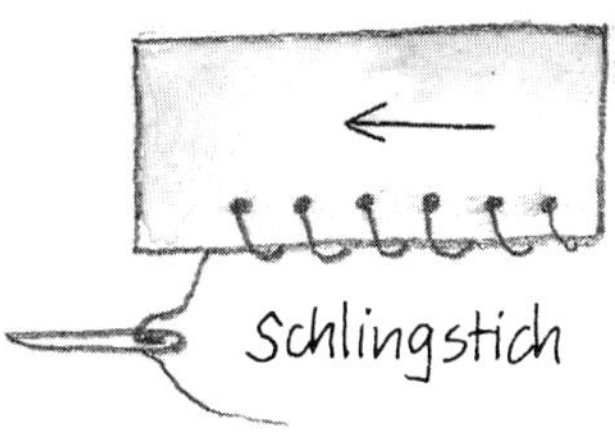

Fellweste

Material: Fell oder Teddyfutter (möglich ist auch ein Flokati-Teppich, der nicht mehr benutzt wird), Schere, Nadel, Schnur, Papier, Stift

Eine nicht so komplizierte, aber sehr wirkungsvolle Variante der „Steinzeitkleidung" ist die Herstellung einer Fellweste, die einerseits über dem Steinzeitanorak getragen werden kann, aber auch schon für sich eine Vorstellung von der steinzeitlichen Kleidung vermittelt, und die darüber hinaus auch von jüngeren Kindern leicht herzustellen ist.

Auch bei diesem Kleidungsstück muß zunächst einmal gemessen werden. Diesmal muß die Länge von der Schulter bis zur Taille und der Taillen- bzw. Brustumfang bestimmt werden. Danach kann ein Schnittmuster für die Weste hergestellt werden (vgl. Zeichnung), das dann auf den Stoff übertragen werden kann. Ist die Weste in drei Teilen (ein Rückenteil, zwei Vorderteile) zugeschnitten, muß sie nur noch an den Seiten und oben an den Schultern zusammengenäht werden. Eine Nahtzugabe von 3 cm ist bei diesem Kleidungsstück vorteilhaft, damit die Weste nicht zu eng wird.

Wird die Weste aus festem Stoffmaterial hergestellt, müssen die Löcher für die Stiche in regelmäßigen Abständen vorgebohrt werden. Es eignet sich der beim Steinzeitanorak beschriebene „Heftstich“ sowie der ebenfalls dort beschriebene „Schlingstich“ für das Nähen dieser Weste.

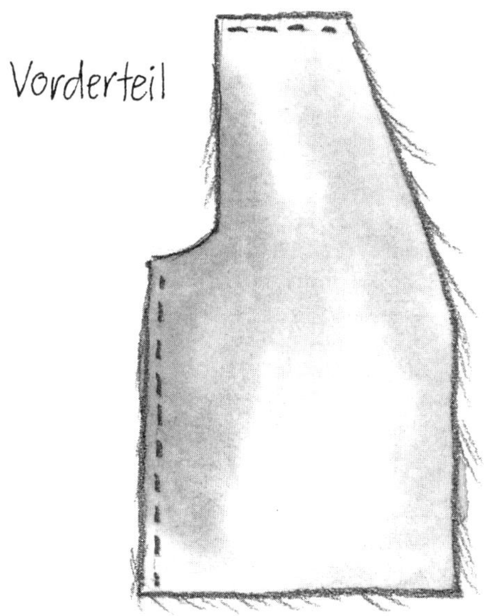

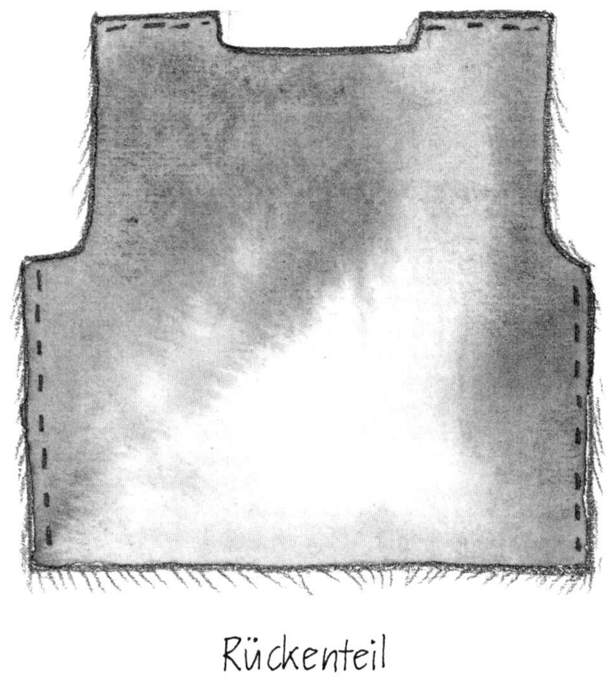

Steinzeithose

Material: Nessel- oder anderer Baumwollstoff (möglich – allerdings viel teurer – ist auch Leder), Schnur, Nadel, Maßband, Papier, Schere

Als erstes muß wieder Maß genommen werden: für eine Hose muß die Länge von der Taille bis 5 cm unter dem Knie bestimmt werden. Danach kann das Schnittmuster für die Hose angefertigt werden.

Die Hose besteht aus zwei Beinteilen, zwei Wadenteilen und einem Taillenbund von 5 cm Breite und der Länge des Taillenumfangs, der ebenfalls durch Messen bestimmt werden muß (vgl. Zeichnung). Ist das Schnittmuster für die Hose fertig, kann es auf den Stoff übertragen werden und die Hose kann zugeschnitten werden.

Wie bei der Anfertigung eines Steinzeitanoraks müssen dabei 3 cm Nahtzugabe hinzugerechnet werden. Das Nähen mit Schnur im „Heftstich" erfolgt wie beim Steinzeitanorak beschrieben.
Die Wadenteile der Hose werden ebenfalls abgemessen: vom Knie bis zum Knöchel muß Maß genommen werden. Dann können die Wadenteile zugeschnitten werden (vgl. Zeichnung). Dabei ist zu beachten, daß die Hose unten am Knöchel etwas schmaler zuläuft. Die Wadenteile der Hose müssen nicht an die oberen Teile der Hose angenäht werden, sondern werden wie ein Strumpf über die Waden bis zum Knie gezogen. Dabei ist auch auf gute Paßgenauigkeit zu achten. Mit zwei ca. 5 cm breiten Lederbändern, die unterhalb des Knies um die beiden Hosenteile festgewickelt werden, kann ein Verrutschen bei schneller Bewegung vermieden werden.

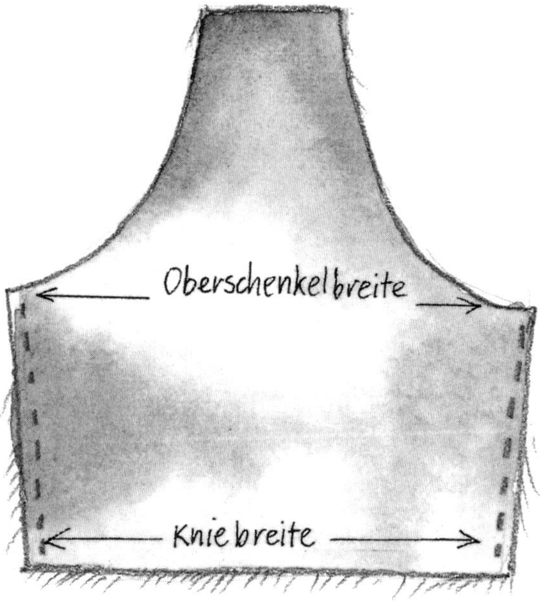

Hosenteil

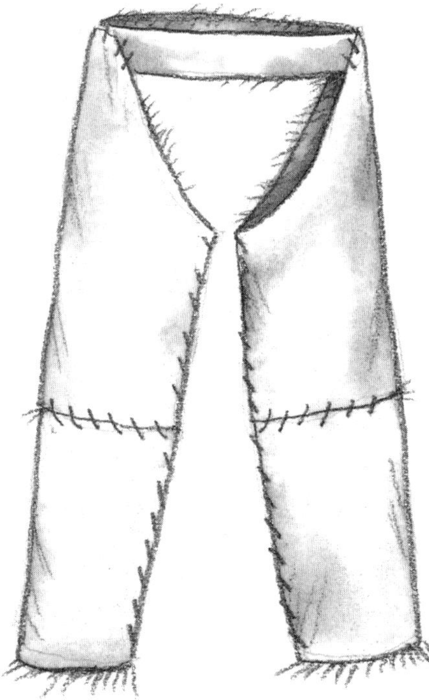

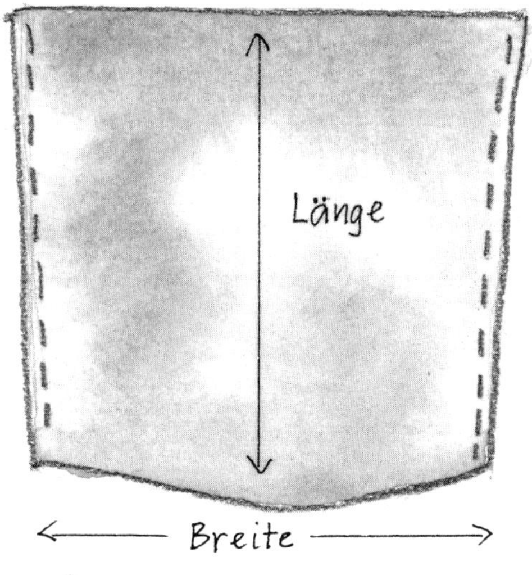

Wadenteil

Fausthandschuhe

Material: Stoff oder Teddyfutter, Leder, Schere, Schnur, Nadel, Papier, Stift

Zunächst muß die Kontur der Hand auf ein Papier aufgezeichnet werden. Diese Zeichnung ist das Schnittmuster für eine Handschuhhälfte (vgl. Zeichnung). Danach wird der Handschuh viermal aus dem Stoff bzw. Leder ausgeschnitten. Dabei müssen jeweils 1 cm Nahtzugabe pro Handschuhhälfte hinzugerechnet werden. Dann können die Handschuhe mit dem beim Steinzeitanorak beschriebenen „Schlingstich" zusammengenäht werden.
Werden die Handschuhe aus Leder hergestellt, müssen in regelmäßigen Abständen Löcher für die Stiche vorgebohrt werden.

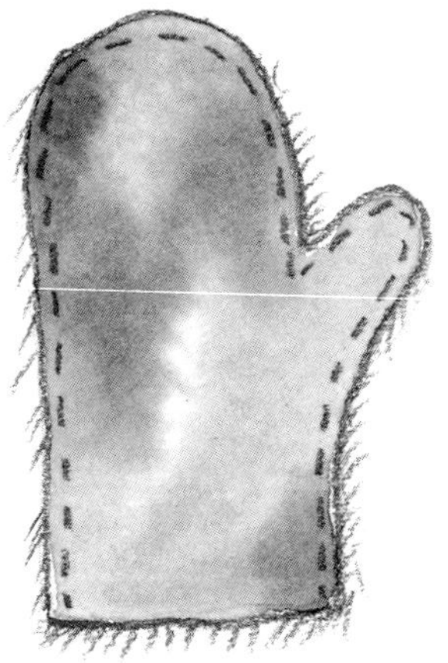

Nachgestaltung von Steinwerkzeugen

Material: Ytong-Steine, Modelliermasse, Abbildungen von steinzeitlichen Geräten oder Werkzeugen, Wasser- oder Dispersionsfarbe
Alter: ab 4 Jahren

Steinzeitliche Werkzeuge und Geräte können mit Modelliermasse nach einer Vorlage /Abbildung nachgestaltet werden. Hilfreich ist dabei ein Eierlöffel und ein stumpfes Küchenmesser, um die Struktur des bearbeiteten Steines möglichst echt nachzuempfinden.
Ein ähnliches Verfahren ist mit Ytong-Steinen und feinen Rund- und Flachraspeln möglich. Um dem bearbeiteten Ytong-Stein ein möglichst „echtes" Aussehen zu verleihen, sollte das fertige Gerät oder Werkzeug mit braunen oder grauen Farbtönen farbig gestaltet werden.

Schäftung von Steinwerkzeugen

Material: Steinsplitter oder scharfkantige kleine Steine, Holzstäbe (Aststücke), Bindfaden, Klebstoff (vorzugsweise Heißkleber), Messer, Schmirgelpapier
Alter: ab 6 Jahren

Viele Steinwerkzeuge lassen sich, mit einem Holzgriff versehen, sehr viel besser handhaben. Nachdem entschieden ist, an welcher Seite des Steines der Griff angebracht werden soll, muß der Holzstab an einer Seite mit einem Messer oder Schmirgelpapier so bearbeitet werden, daß die Steinspitze exakt hineinpaßt. Mit etwas Klebstoff wird die Steinspitze in den Holzgriff geklebt. Anschließend wird die Verbindung noch mit dünnem Bindfaden umwickelt. Der Bindfaden kann mit einem Tropfen Klebstoff fixiert werden.

Faustkeile

Material: verschiedene Steinmaterialien
Alter: ab 4 Jahren

Bei einem Spaziergang lassen sich mit offenen Augen viele Steine finden, die bereits unbearbeitet als Geräte und Werkzeuge dienen könnten. Ältere Kinder können auch versuchen, Steine mit einfachen Mitteln (Hammerschlag) zu bearbeiten. Hierbei ist jedoch Vorsicht geboten, denn nicht nur der Daumen ist bei dieser Methode erheblich gefährdet, sondern es können auch abspringende Steinsplitter böse „ins Auge" gehen. Das Tragen einer Schutzbrille ist deshalb anzuraten.

Steinzeitlampe

Material: weiche flache Steine (z.B. Sandstein); Ton; Kerzenwachs, Baumwollfaden als Docht
Alter: ab 4 Jahren (unter Aufsicht)

Beim Sammeln der Steine ist darauf zu achten, daß solche Steine genommen werden, die bereits eine Vertiefung aufweisen. Diese Vertiefung wird mit einem härteren Stein weiter ausgearbeitet. Wenn eine Mulde von etwa einem Zentimeter Tiefe entstanden ist, wird der Docht in die Mulde gehalten und das Kerzenwachs in die Mulde getropft. Nach dem Erkalten des Wachses kann die Lampe angezündet werden. Solche Steinzeitlampen sind sehr zahlreich gefunden worden. Allerdings haben die Steinzeitmenschen statt des Kerzenwachses Tierfett benutzt.
Häufig waren die Lampen sehr schön verziert. Solche Verzierungen lassen sich anbringen, wenn die Lampe nicht aus Stein gearbeitet, sondern aus Ton geformt wird. Nach Möglichkeit sollte die Tonlampe gebrannt werden.

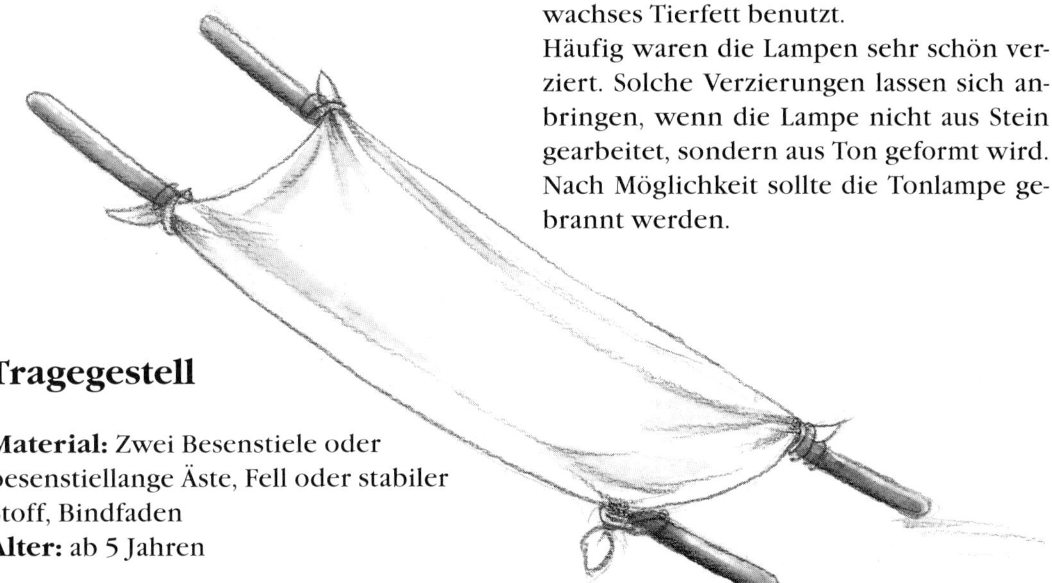

Tragegestell

Material: Zwei Besenstiele oder besenstiellange Äste, Fell oder stabiler Stoff, Bindfaden
Alter: ab 5 Jahren

Zum Transport von schweren Gütern (z.B. Zelte) benutzten die Jäger und Sammler auf ihren Wanderungen Tragegestelle, die einer heutigen Krankentrage ähnlich sahen. An zwei Besenstiele wird mit Bindfaden Fell oder Stoff angeknotet. Vorne und hinten sollten jeweils mindestens etwa 30 Zentimeter als Griffe frei bleiben.

MIT SPEERSCHLEUDER UND HARPUNE – DIE JAGD

Ein Teil des Lebensunterhaltes der Jäger und Sammler wurde durch die Jagd bestritten. Fleisch war wahrscheinlich nicht das Hauptnahrungsmittel unserer Vorfahren – einen wesentlicheren Bestandteil des Speisezettels nahm die gesammelte pflanzliche Kost ein – aber es war eben doch wichtiger Bestandteil der Nahrung, wie dies auch bei heute noch lebenden Jägern und Sammlern der Fall ist.

Wie bei heutigen Wildbeutervölkern ist bei den Menschen der Steinzeit davon auszugehen, daß sie eine ganz andere Einstellung zur Jagd hatten, als dies bei uns der Fall ist. Europäische Jäger jagen heute nicht, um für ihren Lebensunterhalt zu sorgen, sondern sie tun dies, weil sie daran Vergnügen haben. Für den steinzeitlichen Jäger bedeutete die Jagd einen Teil der Existenzsicherung. Er hatte wahrscheinlich sogar eine sehr viel größere Verbundenheit zum gejagten Wild, als dies bei einem europäischen „Sonntagsjäger" anzunehmen ist.
Von heutigen Wildbeutervölkern wissen wir, daß sie sich beim gejagten Tier gleichsam entschuldigen, es getötet zu haben, daß sie ihm zu erklären versuchen, daß sie seinen Tod nur herbeigeführt haben, um selbst überleben zu können.

Bereits die Neandertaler jagten mit beachtlichem Geschick und Erfolg. Selbst vor großen und gefährlichen Tieren wie Mammut oder Höhlenbär machte ihr Jagdeifer nicht halt, denn aus Knochenfunden wissen wir, daß die Neandertaler neben kleinen Tieren auch diese Tiere als Jagdbeute hatten.
Noch systematischer und erfolgreicher wurde die Jagd durch die Cro-Magnon-Menschen betrieben. Während die Neandertaler als Jagdwaffen neben Steingeräten die Lanze zur Verfügung hatten, verfügte der Cro-Magnon-Mensch mit Speerschleuder und schließlich sogar mit dem Bogen über recht effektive Fernwaffen.
Allerdings wird der Kampf mit Mammut und Höhlenbär wohl eher die Ausnahme gewesen sein: Knochenfunde – gleichsam die Abfallhaufen unserer Vorfahren – zeigen uns, daß die hauptsächlichen Beutetiere Pferde und Rentiere waren.

Die Tiere lieferten den urzeitlichen Jägern nicht nur Fleisch, sondern sie wurden „rundum" verwertet. Die Felle wurden zu Zelten und Kleidungsstücken, die Knochen zum Schnitzen von Werkzeugen, zum Zeltbau oder auch als Brennmaterial genutzt. Bei Jagderfolg wurde die Beute wahrscheinlich relativ schnell verzehrt, denn Methoden zur Haltbarmachung waren wohl noch nicht allgemein im Gebrauch. So aßen sie gleichsam „auf Vorrat", wenn das Nahrungsangebot reichlich war, um für die kärgeren, fleischarmen Zeiten gerüstet zu sein.

Hanna, Philipp und die Mammutjäger

Es läßt Hanna und Philipp keine Ruhe: Tiere wie das Mammut, die so groß waren, daß sie nicht einmal ins Wohnzimmer gepaßt hätten, die sollten die Steinzeitjäger erlegt haben? Wie denn nur, mit den Geräten aus Stein wäre das doch wohl kaum möglich gewesen! So ein Mammut schüttelte sich doch bestimmt nicht einmal, wenn es von einem Stein beworfen wurde!

„Nein", sagt die Mutter beim Abendessen. „Nur mit Steinen hätten sie ein Tier wie ein Mammut wohl kaum erlegen können. Aber sie hatten noch andere Jagdwaffen, und sie waren auch sehr einfallsreich. So haben sie den Mammuts manchmal Fallen gestellt. Dazu haben sie große Gruben ausgehoben. Dann wurden Zweige darüber gelegt, so daß die Mammuts die Gruben nicht mehr sehen konnten. So konnten sie in die Fallen hineintappen und kamen aus diesen Fallgruben nicht mehr heraus. Dort konnten die Steinzeitmenschen dann warten, bis die Tiere müde und schlapp wurden. Und schließlich haben sie sie dann mit ihren Jagdwaffen getötet."

„Aber was für Jagdwaffen waren das denn?" fragt Philipp. „Nun, das war unterschiedlich", meint der Vater. „Die ersten Steinzeitmenschen hatten neben ihren Steinwerkzeugen zum Beispiel Lanzen, das waren lange Stöcke, die vorne angespitzt waren. Und mit diesen Lanzen haben sie versucht, die Tiere in den Fallen zu töten. Oder sie haben keine Falle gebaut, sondern die Mammuts in einen Sumpf getrieben, wo sie einsanken und sich nicht mehr wehren konnten. Dort wurden die Tiere dann mit den Lanzen erstochen."

„Von so einem Mammut konnte die Gruppe eine ganze Zeitlang leben, denn es war viel Fleisch an dem großen Tier", ergänzt die Mutter. „Aber sie hatten doch keinen Kühlschrank, um das Fleisch darin aufzubewahren", wundert sich Hanna, „da wurde das Fleisch doch schlecht und sie verdarben sich den Magen!" – „Nein, den hatten sie natürlich noch nicht", gibt der Vater zu, „aber sie haben es anders gemacht: Sie haben gegessen und gegessen, wenn sie solch ein großes Tier erbeutet hatten. Sie aßen so lange, bis nichts mehr da war." – „Und wenn sie dann so richtig satt waren, dann brauchten sie auch mal eine Zeitlang weniger zu essen?" fragt Philipp. „Ja, entweder weniger oder auch manchmal ein paar Tage gar nichts, das kam schon mal vor", ergänzt die Mutter. „Aber meistens gab es dann auch andere Dinge, die sie essen konnten, Früchte, Beeren oder Knollen von Pflanzen zum Beispiel." – „Und außerdem haben die Steinzeitmenschen ja nicht nur Mammuts gejagt, sondern meistens andere, kleinere Tiere. Aber sie waren sehr mutig und trauten sich eben auch an solch große Tiere wie Höhlenbär und Mammut heran", schließt der Vater das Gespräch ab. Diese Jagdmethoden, mit denen sogar Jagd auf solch große Tiere wie die Mammuts gemacht wurde, interessieren die beiden Kinder sehr, und sie beschließen, sich auch eine Lanze für die Mammutjagd zu bauen. Zwar sind die Mammuts schon lange ausgestorben – aber man kann ja nie wissen.

Jagdlanze

Material: etwa 2 m langer Ast, Messer
Alter: ab 8 Jahren

Bereits der Neandertaler hat nachweislich Lanzen aus Holz für die Jagd benutzt. Eine solche Lanze ist aus einem langen Ast leicht selbst herzustellen. Seitliche Zweige werden mit dem Messer entfernt. Die Lanze wird geglättet und die Spitze mit dem Messer bearbeitet.
Der Neandertaler besaß noch keine Messer aus Metall, sondern verwendete Steinklingen. Um einen Eindruck von dieser Arbeitsweise zu bekommen, ist es vielleicht sinnvoll, zumindest einen Teil der Arbeiten an der Lanze mit einem scharfkantigen Stein auszuführen.

Die Jagd mit Hilfe des Feuers

Material: Sommer- oder Winterlandschaft (vgl. S. 22), Karton, Papier, Farbe, Klebstoff
Alter: ab 4 Jahren

Schon zur Zeit der Neandertaler war auch eine andere sehr effektive Jagdmethode bekannt: die Jagd mit Hilfe des Feuers. In Gebirgstälern, die nur einen natürlichen Ausgang haben, setzten sie, wenn der Wind genau vom Tal auf den Ausgang zuwehte, am – dem Ausgang – entgegengesetzten Teil des Tales die Pflanzen in Brand. Der Wind sorgte dafür, daß das Feuer langsam aber sicher in Richtung Talausgang brannte. Alle Tiere, die im Tal waren, versuchten, vor dem Feuer zu flüchten. Und am Talausgang standen die Jäger und konnten Tiere in großer Zahl erlegen. Auch diese Jagdmethode eignet sich für den Bau eines Modells für unsere „Steinzeitlandschaft".
Aus Karton können die üblichen Jagdtiere (z.B. Rentiere, Pferde, Hirsche) ausgeschnitten und farbig gestaltet werden. Ebenso können die Feuerflammen aus gelbem und rotem Karton ausgeschnitten und in den „Wald" integriert werden. Berge zur Begrenzung des Tals können nach Art des Winterlager-Felsüberhang-Modells (vgl. S. 40) gebaut und in die Landschaft integriert werden. Am Talausgang werden aus Karton hergestellte „Neandertaler" postiert.

Tierspuren bestimmen

Material: Bleistift, Zeichenpapier, Kartonstreifen, Büroklammer, Gips, Gipsbecher, Wasser, Löffel, Pinsel, Farbe, Taschenmesser
Alter: ab 5 Jahren

Für die steinzeitliche Jagd war die Kenntnis von Fährten und Spuren der Beutetiere besonders wichtig. Auch in unserer heutigen Landschaft lassen sich zahlreiche Tierspuren entdecken. Insbesondere in weichem, matschigem Boden sind sie zahlreich zu finden.

Zum Bestimmen dieser Spuren ist es wichtig, auf die Zahl und Anordnung der Zehen, Vorkommen oder Fehlen von Krallen und Form und Größe der Ballen zu achten. Um die Tierspuren und Fährten später identifizieren zu können, muß ihre Größe und Form gemessen und möglichst nachgezeichnet werden. Noch günstiger ist die Herstellung eines Gipsabdruckes.

Ein Kartonstreifen von etwa 30 cm Länge und 5 cm Breite wird zu einem Ring geformt (Enden überlappen lassen) und mit einer Büroklammer fixiert. Rund um den Fußabdruck wird dieser Ring vorsichtig leicht in den Boden gedrückt. Die angerührte flüssige Gipsmasse wird ca. drei Zentimeter hoch vorsichtig in den Ring gegossen. Nach etwa 30 Minuten sollte der Gips getrocknet sein und der Gipsabdruck kann mit Hilfe eines Taschenmessers umgedreht werden. Der Abdruck sollte noch eine Nacht trocknen, bevor die anhaftenden Schlammteilchen ausgewaschen werden. Die farbige Gestaltung des Gipsabdruckes kann die Spur noch verdeutlichen.

Höhlenbärenjagd

Material: –
Alter: ab 4 Jahren

Der Höhlenbär war für den Neandertaler nur zu erlegen, wenn er völlig umzingelt war. Dies ist das Grundprinzip des Spiels. Einige Mitspieler sind Höhlenbären, die anderen (mindestens fünf) sind Jäger. Die Jäger fassen sich an der Hand und versuchen, einen Höhlenbären zu umzingeln. Die Höhlenbären werden versuchen, vor den Jägern zu entfliehen. Sobald ein Bär vollständig umzingelt ist (der Kreis der Jäger muß geschlossen sein), gilt er als gefangen und scheidet aus oder wird auch zum Jäger.

Spurensuchspiel

Material: Gummistiefel oder Turnschuhe mit auffälligem Sohlenprofil, Dispersionsfarbe, Pinsel
Alter: ab 4 Jahren

Der Jagderfolg der steinzeitlichen Jäger war sicherlich maßgeblich davon abhängig, ob sie in der Lage waren, die Fährte eines Tieres über eine größere Distanz zu verfolgen. Dies ist die Grundidee dieses Spiels.
Vor Beginn des Spiels muß durch einen Nichtmitspieler eine Fährte gelegt werden. Bei nassem Wetter und auf weichem Gelände genügt es, mit dem Sohlenprofil etwa alle fünf bis zehn Meter einen Abdruck im Boden zu hinterlassen. Bei trockenem Wetter und festem Gelände wird das Sohlenprofil vor jedem Abdruck mit Farbe bestrichen und es wird ein farbiger Abdruck (wie bei einem Stempel) hinterlassen. Am Ende der Fährte wird mit einem Fähnchen oder einem geeigneten Gegenstand der Zielpunkt markiert.

Die Teilnehmergruppen werden im Abstand von ca. 15 bis 30 Minuten (je nach Länge der Fährte) auf die Spurensuche geschickt. Gewonnen hat die Gruppe, die in der kürzesten Zeit den Zielpunkt erreicht hat.
Es kann auch die Genauigkeit der Spurensucher bewertet werden. Dazu müssen die Spurensucher die Anzahl der Abdrücke zählen und am Ende des Spiels möglichst genau angeben.
Schwierigere Variante:
Bei dieser für ältere Spieler geeigneten Variante soll ein verletztes Tier gefunden werden. Der Fährtenleger hinterläßt in diesem Falle keine Fußabdrücke, sondern lediglich alle paar Meter ein paar rote Farbspritzer als Blutspuren des verletzten Tieres. Dies erschwert das Spiel, weil diese „Blutspritzer" natürlich wesentlich kleiner sind und genauere Beobachtung erforderlich ist.

Die Jagd wird einfacher und erfolgreicher

Als Hanna und Philipp eine Zeitlang mit ihren selbstgebauten Mammut-Lanzen gespielt haben, denkt sich Philipp: Eigentlich hätten die Steinzeitmenschen doch auch mit Pfeil und Bogen jagen können, wie das die Indianer auch gemacht haben. „Warum haben sie das denn bloß nicht gemacht?" fragt er den Vater, der gerade die Zeitung liest, „das wäre doch viel ungefährlicher für sie gewesen. Sie hätten nicht so nah an die Tiere herangehen müssen, und das wäre doch lange nicht so gefährlich gewesen."

„Seht mal, ihr wißt doch, daß die Menschen damals bereits Lanzen hatten, mit denen sie an die Tiere herangehen und sie erstechen konnten. Und irgendwann merkten sie dann, daß sie diese Lanzen auch anders verwenden konnten. Sie bauten sich nämlich kleinere Lanzen, also Speere, und die warfen sie mit einer Speerschleuder. Damit konnten sie viel weiter werfen. Ich habe jetzt keine Zeit, aber fragt Vater, vielleicht baut der mit euch eine solche Speerschleuder, wenn ihr Lust dazu habt!"
Und ob Hanna und Philipp dazu Lust haben! Eine Lanze für die Mammutjagd haben sie ja schon, aber eine Speerschleuder wird ihre Ausrüstung erst richtig komplett machen! Also muß der Vater die Zeitung beiseite legen und mit den Kindern eine steinzeitliche Speerschleuder basteln.

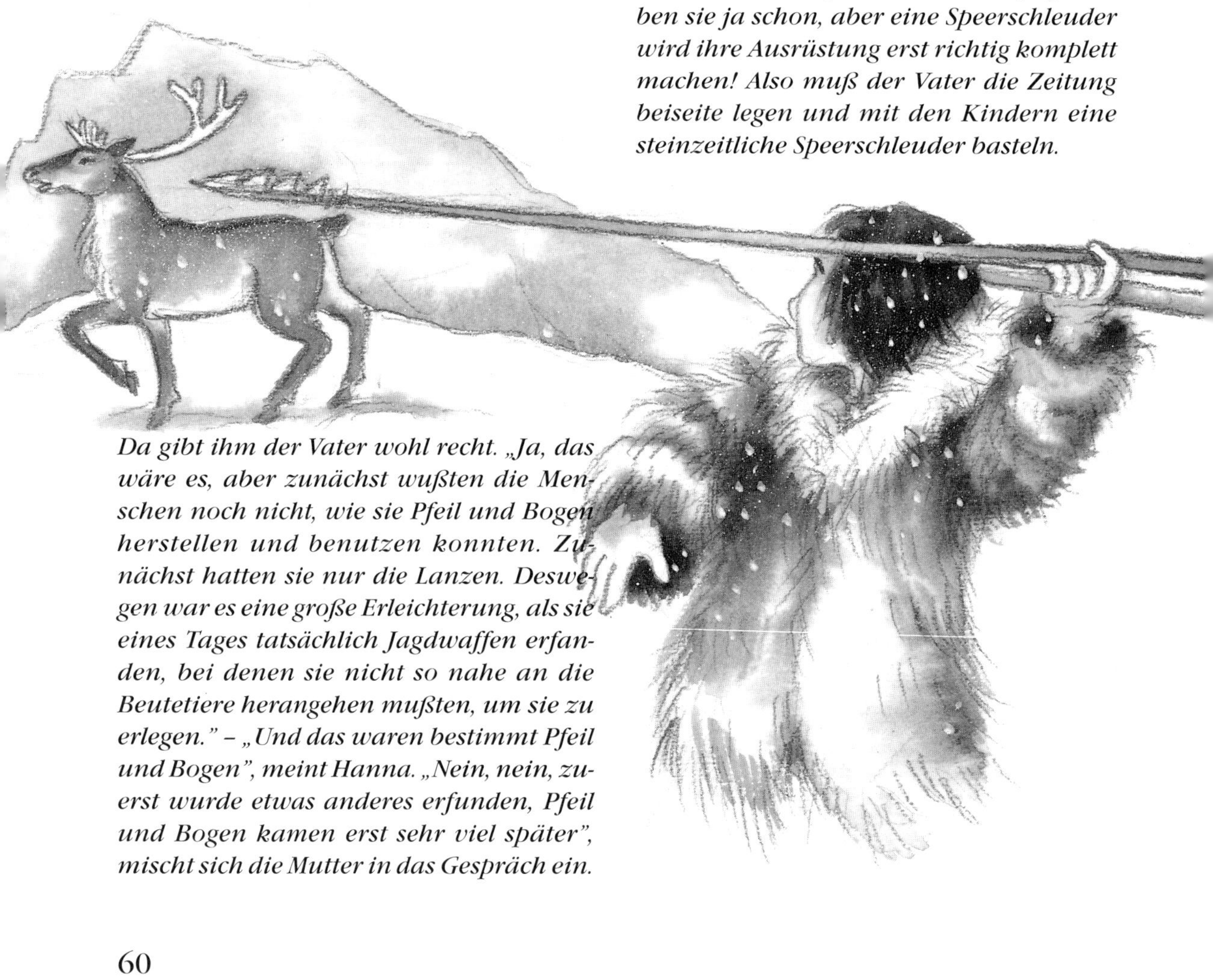

Da gibt ihm der Vater wohl recht. „Ja, das wäre es, aber zunächst wußten die Menschen noch nicht, wie sie Pfeil und Bogen herstellen und benutzen konnten. Zunächst hatten sie nur die Lanzen. Deswegen war es eine große Erleichterung, als sie eines Tages tatsächlich Jagdwaffen erfanden, bei denen sie nicht so nahe an die Beutetiere herangehen mußten, um sie zu erlegen." – „Und das waren bestimmt Pfeil und Bogen", meint Hanna. „Nein, nein, zuerst wurde etwas anderes erfunden, Pfeil und Bogen kamen erst sehr viel später", mischt sich die Mutter in das Gespräch ein.

Speerschleuder

Material: Holzleiste 2 x 5 cm, etwa 50 cm lang; Säge, Raspeln, Schmirgelpapier
Alter: ab 8 Jahren

Speerschleudern, wie sie aus der Steinzeit überliefert sind, werden auch bei heutigen Naturvölkern noch zur Jagd eingesetzt. Aufgrund der Hebelwirkung kann mit ihnen der Speer weiter geworfen werden, da sie gleichsam als Verlängerung des Arms dienen. Aus der Steinzeit sind uns die Endstücke von zweiteiligen Speerschleudern bekannt, die aus Geweih und Knochen hergestellt wurden und wohl mit einem Holzgriff versehen waren. Einfacher ist die Herstellung einer einteiligen Speerschleuder aus Holz.

Die Form der Speerschleuder wird auf die Holzleiste aufgezeichnet und mit der Säge grob ausgesägt. Anschließend wird die Rohform mit der Raspel und schließlich mit Schmirgelpapier nachbearbeitet – Arbeiten, die in der Steinzeit mit scharfkantigen Steinen durchgeführt wurden und daher entschieden aufwendiger waren als mit modernem Werkzeug. Besonders sorgfältig muß das Hakenende bearbeitet werden, da von ihm die Gebrauchsfähigkeit der fertigen Speerschleuder wesentlich abhängt.
Experimentelle Archäologen haben die Speerschleuder als Sportgerät entdeckt und führen Wettbewerbe damit durch. Sie erreichen dabei immerhin Wurfweiten über 140 m.

Die Speerschleuder wird mit Säge, Raspel und Schmirgelpapier aus einer Holzleiste herausgearbeitet.
Das Hakenende muß spitz zulaufen.

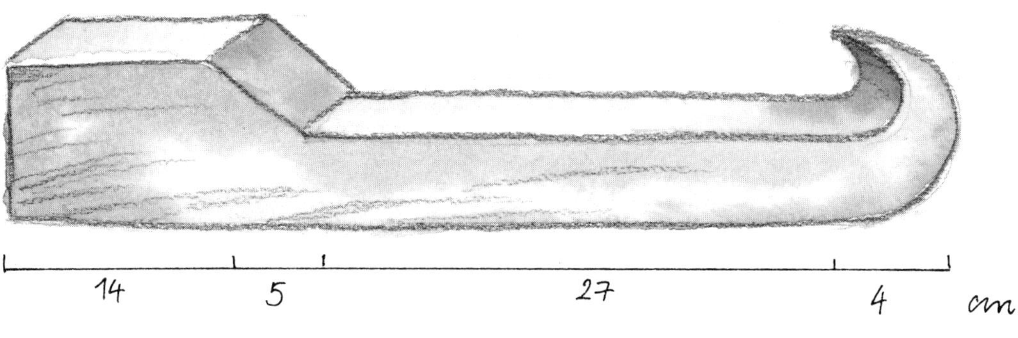

Speere für die Speerschleuder

Material: Rundholzstäbe von etwa 1 cm Dicke und 1 m Länge, Messer, Federn, Klebstoff
Alter: ab 8 Jahren

Die Gebrauchsfähigkeit der Speerschleuder hängt wesentlich von der Art der verwendeten Speere ab. Speere können aus dünnen Ästen gearbeitet werden, einfacher ist es, Rundholzstäbe zu verwenden.

In das hintere Ende des Speeres wird mit dem Messer eine Vertiefung gearbeitet, so daß das Speerende in das Hakenende der Speerschleuder paßt. Für ein stabiles Flugverhalten sollte das Speerende befiedert werden. Dazu werden drei Federfahnen hinten an den Schaft des Speeres geklebt. Aus Sicherheitsgründen empfiehlt es sich, in die Speerspitze einen Korken zu stecken.

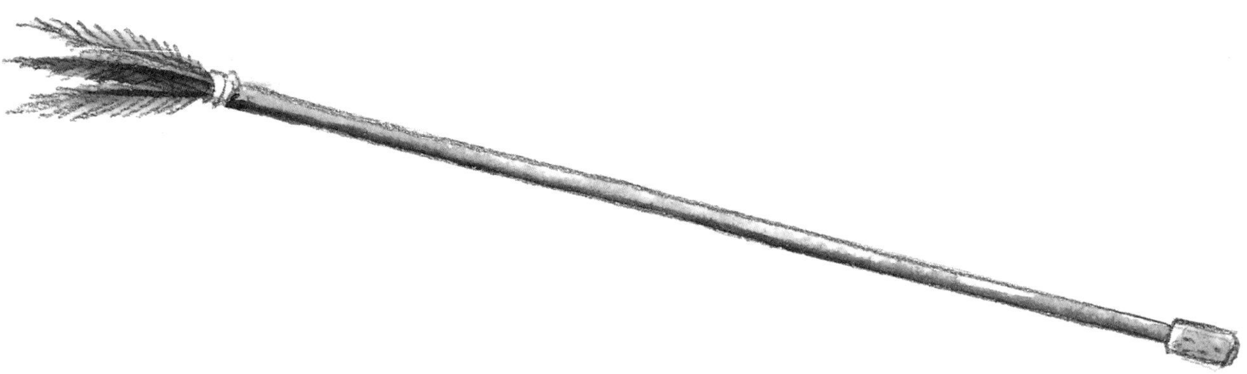

Speer mit Knochenspitze

Material: Holzstab (Ast) von etwa 1 m Länge, Knochensplitter, Schmirgelpapier, Klebstoff (am besten Heißkleber), dünner Bindfaden
Alter: ab 8 Jahren

Das Knochenmaterial wird vor der Bearbeitung in Waschmittellauge gekocht, abgefleischt und möglichst durch Einlegen in Benzin entfettet.
Mit Schmirgelpapier werden die Knochensplitter zu Speerspitzen bearbeitet, die nach der oben beschriebenen Art (Schäftung von Steinwerkzeugen, vgl. S. 52) in den Holzspeer eingearbeitet werden.

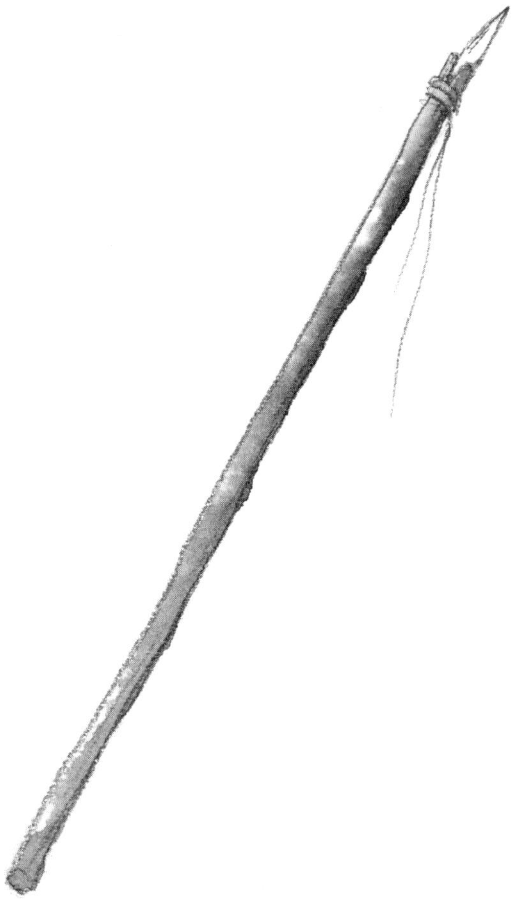

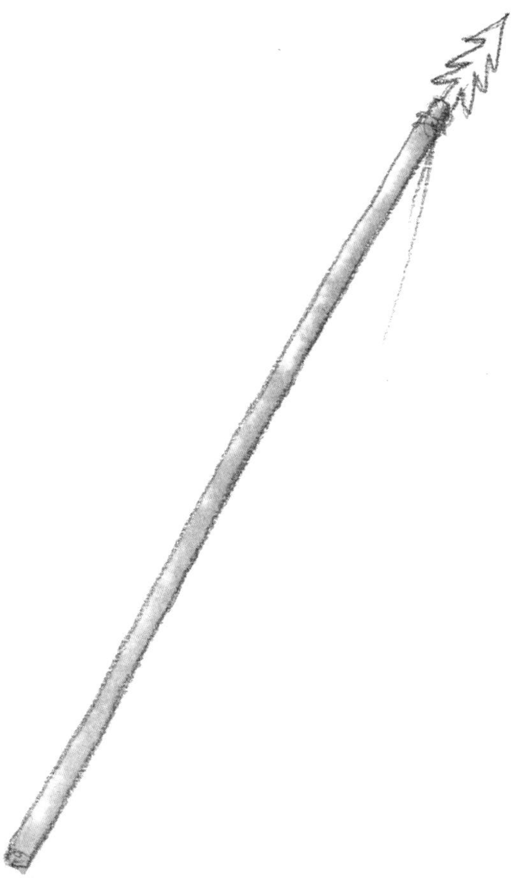

Harpune

Material: etwa 10 cm langes, stabiles Knochenstück (Rinder-Suppenfleischknochen), Holzstab (Ast), kleine Säge, Schmirgelpapier, Nagel, Klebstoff (am besten Heißkleber), dünner Bindfaden
Alter: ab 8 Jahren

Das Knochenmaterial wird vor der Bearbeitung in Waschmittellauge gekocht, abgefleischt und möglichst durch Einlegen in Benzin entfettet.
Die Harpunenspitze wird mit Säge und Schmirgelpapier aus dem Knochen gearbeitet. Mit einem Nagel können Verzierungen in die Harpune graviert werden. Die Harpune wird nach der oben beschriebenen Art (Schäftung von Steinwerkzeugen, vgl. S. 52) an einem Holzspeer befestigt.

Bogen

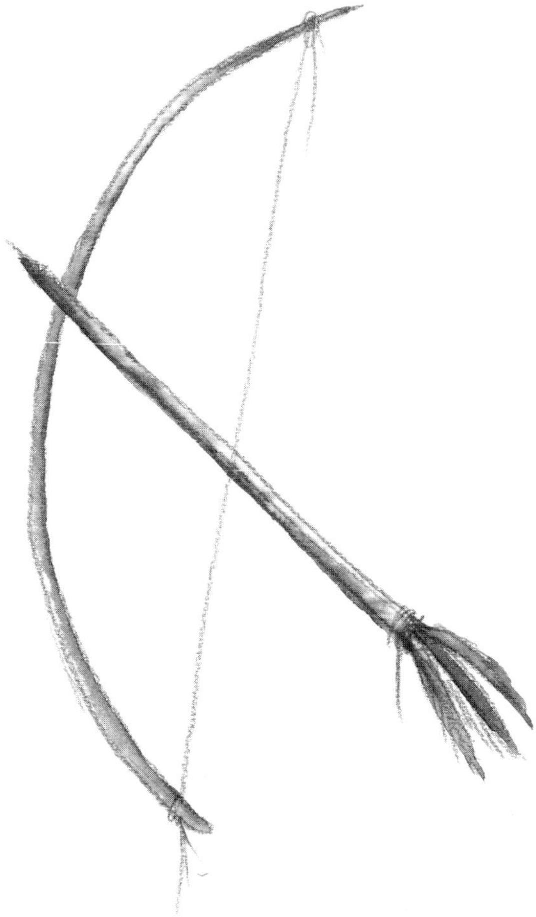

Material: biegsamer Ast (mindestens 1 m), Messer, Bindfaden
Alter: ab 8 Jahren

Gegen Ende der Altsteinzeit ist seit etwa 10.000 Jahren der Gebrauch von Pfeil und Bogen nachgewiesen. Zum Bau eines Bogens wird der Ast mit dem Messer entrindet und geglättet. Die Sehne aus Bindfaden wird an beiden Enden des Astes so angeknotet, daß sie unter Spannung steht. Als Pfeile können die Speere für die Speerschleuder dienen, die wie bei der Speerschleuder an der Spitze mit einem Korken zu versehen sind.

Rentierjagd

Material: selbstherzustellendes Spielfeld aus Zeichenkarton, Spielfiguren aus Modelliermasse, Würfel, Ereigniskarten aus Zeichenkarton
Alter: ab 6 Jahren

Das Spiel simuliert eine steinzeitliche Rentierjagd, bei der immer wieder unvorhergesehene Ereignisse eintreten, auf die reagiert werden muß. Der abgebildete Spielplan kann mit einem Fotokopierer vergrößert werden, oder das Spielfeld wird auf festem Zeichenkarton nachgestaltet. Als Spielfiguren werden kleine Figuren aus Modelliermasse geformt. Die Kärtchen für die Ereigniskarten werden aus Zeichenkarton ausgeschnitten und beschriftet.
Die Ereigniskarten werden gemischt und verdeckt auf das Spielfeld gelegt. Die Spieler würfeln und setzen reihum. Wird ein farbig gekennzeichnetes Ereignisfeld erreicht, so muß der Spieler die oberste Ereigniskarte abheben und die Anweisung auf der Karte befolgen. Die Karte wird dann zur Seite gelegt. Sind alle Ereigniskarten vom Spielfeld genommen, werden sie neu gemischt und wiederum verdeckt auf das Spielfeld gelegt. Gewonnen hat der Spieler, der als erster das Ziel erreicht.
Hier einige Vorschläge für Ereignisse, die während der Rentierjagd auftreten können:

Rentier gefangen!

Rücke 10 Felder vor!

Du hast Glück und findest eine gute Stelle mit Waldbeeren. Durch die Stärkung bekommst du neue Kraft.

Würfele noch einmal!

Du verstauchst dir einen Fuß!

Die Jagd ist für dich vorbei, du scheidest aus.

Du stöberst durch Zufall einen Höhlenbären auf und mußt fliehen.

Gehe 10 Felder zurück!

Deine Speerschleuder bricht und muß repariert werden.

Setze zweimal aus!

Du bist in eine Fallgrube von der letzten Mammutjagd gefallen und mußt hinausklettern.

Setze einmal aus!

Du findest eine Abkürzung.

Rücke 10 Felder vor!

Du entdeckst eine frische Rentierspur.

Würfele noch einmal!

Dein Speer ist zerbrochen und du mußt dir einen neuen Speer zurechtmachen.

Setze einmal aus!

Dir ist ein besonders weiter Wurf mit der Speerschleuder gelungen.

Würfele noch einmal!

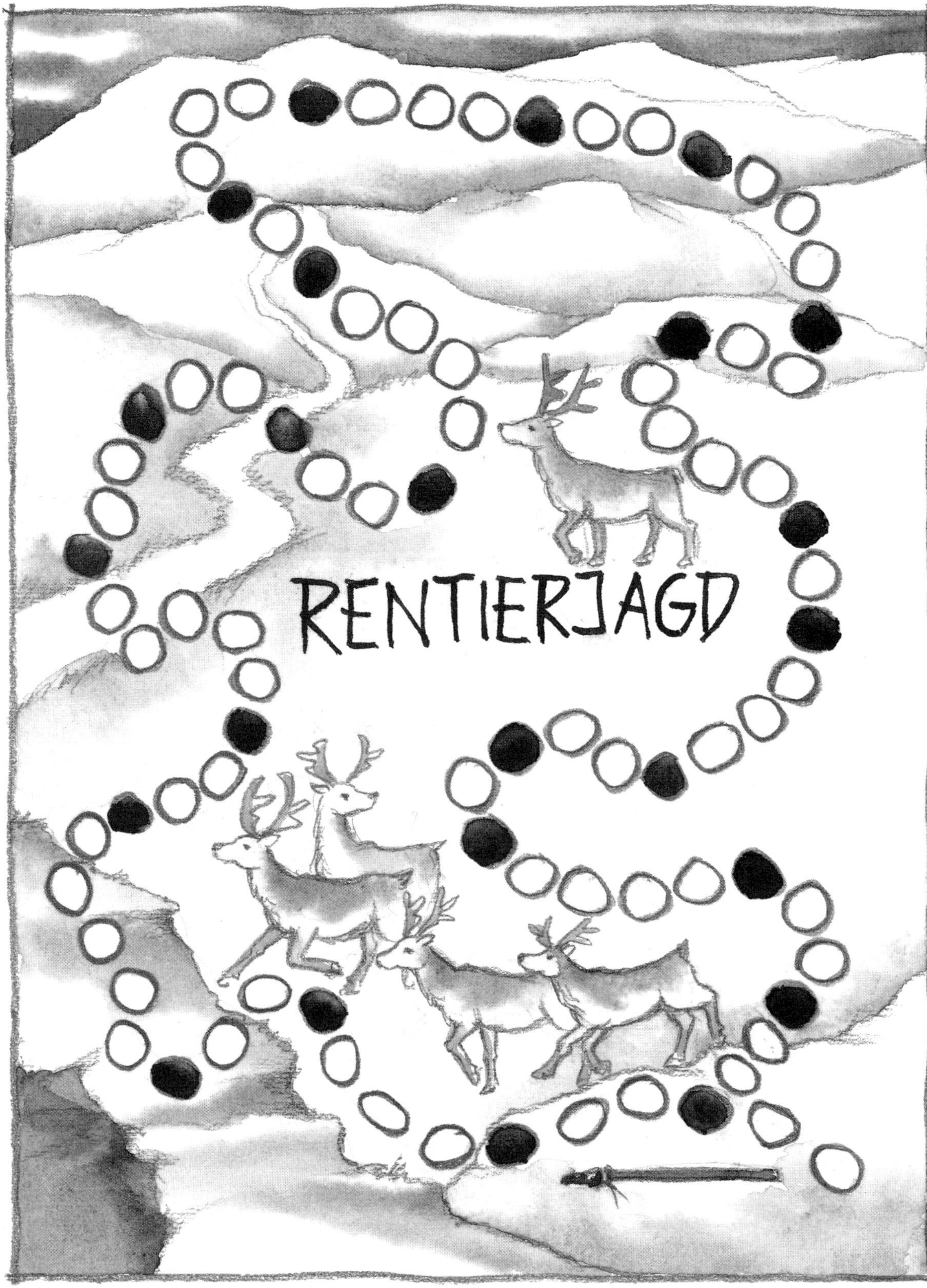
RENTIERJAGD

Du mußt dich eine Weile vor einem Wolf verstecken.

Setze einmal aus!

Du bist müde und mußt dich ausruhen.

Setze zweimal aus!

Dein Speer verfehlt das Ziel. Du mußt ihn suchen.

Setze einmal aus!

Du hast die Spur des Rentiers verloren.

Gehe 10 Felder zurück!

Du hast deinen Speer verloren.

Gehe zehn Felder zurück und suche ihn!

Wegen eines Gewitters mußt du warten.

Setze zweimal aus!

Dein Freund hat sich verletzt, du mußt ihm helfen.

Setze einmal aus!

Du hast deine Speerschleuder vergessen.

Zurück zum Anfang!

Du verläufst dich im Wald.

Gehe zehn Felder zurück!

Weil du schwimmen kannst, durchschwimmst du einen Bach und brauchst dadurch keinen Umweg zu nehmen.

Rücke fünf Felder vor!

KOCHSTEINE UND STEINZEIT-BACKOFEN – STEINZEITKÜCHE

Die Bezeichnung „Jäger und Sammler" besagt schon, daß die Menschen in der Steinzeit sich von dem Fleisch gejagter Tiere und von gesammelten Früchten, Beeren und Wurzeln ernährt haben.
Wie bereits beschrieben, bildete die Jagd auf Tiere einen wesentlichen Bestandteil der Existenzsicherung. Begehrtes Jagdwild waren Wildpferde, Auerochsen, Wildschweine, Mammuts, Hirsche, Steinböcke und vor allem das Rentier, das über große Zeiträume als Hauptnahrungsquelle diente. Abwechslung in den Speiseplan brachte die Jagd eines Braunbären, Wolfes oder Polarfuchses, aber auch Geflügel wie z.B. das Schneehuhn wurde von den Menschen der Steinzeit nicht verschmäht. Die Harpunen, die zum Fischfang benutzt wurden, deuten daraufhin, daß die Männer und Frauen der Steinzeit auch die ergiebigen Fischgründe nutzten und die Speisenfolge mit Forellen, Hechten, Aalen, Weißfischen, Lachsen, Barben und Karpfen bereicherten.

Dennoch war der Anteil der pflanzlichen Nahrung nicht unbeträchtlich. Es wird davon ausgegangen, daß das Sammeln von pflanzlicher Nahrung weitgehend von den Frauen und Kindern erledigt wurde, während die Männer zur Jagd gingen. Besonders im Frühjahr, wenn die Wintervorräte fast aufgebraucht waren, wurde mehr pflanzliche Nahrung verzehrt. In den Wäldern der Steinzeit konnten die Sammler z.B. Nüsse, Eicheln, Walderdbeeren, Kastanien und Brombeeren finden. Verschiedenste Kräuter zur Verfeinerung der Speisen und zur Herstellung von Kräutertees zählten ebenso zum Sammlergut wie Pilze, z.B. Champignons. Und wenn sie schon gerade dabei waren, wurden auch Eier aus Vogelnestern, schmackhafte Insekten und wilder Honig zum Versüßen einiger Speisen mitgenommen.
Genauere Angaben können leider nicht gemacht werden – die Informationen eines Steinzeitmenschen wären auch in diesem Zusammenhang hilfreich und höchst interessant!

Alles in allem kann der Eindruck entstehen, daß die Steinzeitmenschen wohl nicht schlecht gelebt haben und ihnen eine vielfältige Nahrungspalette zur Verfügung stand. Der Fleischanteil in der Ernährung variierte zwischen 300 - 800 Gramm zumeist Rentierfleisch täglich. In wärmeren Zeiten boten die Umweltbedingungen die Möglichkeit, auf pflanzliche Nahrung stärker zurückzugreifen als in den sogenannten „Kaltzeiten". Dafür begann bereits in der Altsteinzeit die Entwicklung einer Vorratshaltung. Seit der mittleren Altsteinzeit ist das Vorkommen von einzelnen Vorratsgruben nachgewiesen, in denen getrocknetes Fleisch aufbewahrt oder eingefroren wurde. Ob diese Vorratshaltung jedoch allgemein verbreitet war, ist zweifelhaft.

Sicherlich ernährten sich die Menschen der Steinzeit nicht so regelmäßig, wie wir es heute gewohnt sind, und es gab auch Tage, zumeist in fleischärmeren Zeiten, in denen sich die Steinzeitmenschen einer nicht immer freiwilligen Diät unterziehen mußten. Danach kam ein großer Braten sicherlich umso gelegener, und die jeweilige Fleischportion fiel dann umso größer aus. Übergewichtsprobleme, wie wir sie heute kennen, hatten die Menschen damals wohl nicht, zumal sie sich bei der Jagd und beim Sammeln viel mehr bewegten, als wir dies heute tun.

Überreste von Feuerstellen aus der Zeit des Neandertalers und des Cro-Magnon-Menschen deuten darauf hin, daß die Menschen die fleischliche Nahrung nicht roh verzehrten, sondern vorher über dem offenen Feuer gebraten haben. Sie verstanden sich ebenso auf das Kochen der ihnen sonst zur Verfügung stehenden Lebensmittel. Allerdings fehlte ihnen der Kochtopf, wie wir ihn heute kennen. Sie kochten Wasser in einem Fell oder in einem Leder. Der Magen eines Bisons war wohl besonders gut geeignet zum Erhitzen von Flüssigkeiten, weil er über mehrere Monate haltbar war. In die Flüssigkeit wurden immer wieder im Feuer erhitzte Steine geworfen, bis die Flüssigkeit schließlich kochte.
Eine andere Möglichkeit war das Kochen in Kochgruben. Gruben wurden mit Leder oder Fellen abgedichtet, unter die vier bis fünf tennisballgroße, erhitzte Kochsteine gelegt wurden. Kochsteine aus Granit-, Basalt- und Quarzgeröllen waren für diese Methode besonders gut geeignet, da sie bis zu fünfundzwanzigmal wieder erhitzt werden können .
Für die Zubereitung von pflanzlichen Stoffen als Suppen, Eintöpfe oder teeartige Getränke waren diese Methoden bestens geeignet. Dabei mußten viele Pflanzen aufwendig vorbehandelt und Gift- und Bitterstoffe entfernt werden, z.B. bei Eicheln.

Ob den Menschen der Steinzeit die „Liebe durch den Magen" ging, ist anzunehmen, aber wie so vieles aus dieser Zeit nicht beweisbar. Jedenfalls werden sich die meisten heutigen Menschen den Speiseplan der Steinzeitmenschen wohl um einiges langweiliger und dürftiger vorgestellt haben. Und auch die verschiedenen Kochmethoden sind wohl geeignet, uns heutigen Menschen zu beeindrucken. Der Nahrungserwerb war vielleicht komplizierter als unser heutiger - stellen wir uns jedoch vor, was heute mit einem Stück Fleisch alles passiert, bis es bei uns in der Pfanne landet und wie schadstoffreich unser Obst und Gemüse z.T. ist, nur weil wir fast vergessen haben, daß es Jahreszeiten gibt, nach denen der Ernährungsplan des heutigen Menschen sich ja auch richten könnte, dann erscheint unser Nahrungserwerb vielleicht noch komplizierter.

Hanna, Philipp und die Steinzeitküche

Hanna und Philipp sitzen mit ihren Eltern gerade beim Mittagessen. „Diese Schnitzel sind in der Pfanne wieder so eingeschrumpelt – das ist echt eine Gemeinheit, was die einem heutzutage verkaufen!" schimpft der Vater, der an diesem Tag für den Küchendienst verantwortlich ist. „Was haben eigentlich die Steinzeitmenschen alles gegessen?" fragt Hanna. „Nur rohes Fleisch, hat mir Peter aus der Nachbarschaft erzählt", sagt Philipp und macht dabei eine Kopfbewegung, als ob ihm schlecht würde. „Ach, Quatsch," fällt ihm Hanna ins Wort, „die konnten doch schon Feuer machen!" – „Damit haben sie sich wahrscheinlich nur gewärmt, es war ja schließlich manchmal ganz schön eisig in der Steinzeit", meint Philipp. „Aber Gegrilltes schmeckt doch tausendmal besser, und denk mal, wie wir neulich Kartoffeln im Feuer gebraten haben – Mensch, war das lecker!" kommt Hanna ins Schwärmen.

„Kartoffeln hatten die Steinzeitmenschen noch nicht", wendet die Mutter ein, die bisher noch gar nichts gesagt hat, „aber die Steinzeitmenschen haben das Fleisch, das sie bei der Jagd erbeutet hatten, oft über dem Feuer an einem Spieß gebraten." – „Also doch gegrillt!", murrt Hanna. „Und sie haben auch richtig gekocht", fügt der Vater hinzu. Philipp fängt an zu lachen und fragt: „Wie sahen denn die Steinzeitkochtöpfe aus, oder gab's etwa schon eine Mikrowelle?" – „Quatsch", sagt der Vater, „Kochtöpfe, wie wir sie haben, gab es in der Steinzeit natürlich noch nicht. Die Steinzeitmenschen haben in Fellen oder in Ledern ihre Suppen und Tees gekocht." – „Und woher hatten sie das Leder?" fragt Philipp. Da mischt sich die Mutter wieder ein: „Zum Beispiel war ein Bisonmagen, der vorher geleert und gut gereinigt wurde, ein ganz prima ‚Ledertopf', weil in den Magensack auch eine Menge hineinpaßte."

– „Aber Leder verbrennt doch, wenn es ans Feuer kommt", meint Philipp, „da hätte die Suppe ja im Feuer gelegen!" – „Das stimmt", gibt die Mutter zu, „und deswegen haben sie ihre ‚Ledertöpfe' auch gar nicht übers Feuer gehalten. Sie haben im Feuer Steine erhitzt und haben die dann z. B. in das kalte Wasser geworfen, woraus sie Tee oder Suppe kochen wollten. Und wenn dann immer mehr heiße Steine in den Topf kamen, wurde das Wasser immer wärmer, bis es schließlich kochte."

„Also", faßt Hanna zusammen, „sie haben Fleisch gegrillt, Suppe gekocht und Tee getrunken. Gab's denn da nie Salat oder so etwas ähnliches?" Dabei zerbeißt sie genüßlich ein großes Salatblatt. „Doch, deswegen heißen die Menschen der Steinzeit ja auch Jäger und Sammler", antwortet der Vater. „Meistens waren es die Frauen und Kinder, die dafür sorgten, daß genug Obst, Gemüse und Salat auf den Tisch kam. Sie zogen los und sammelten eßbare Früchte, die in der Umgebung wuchsen." – „Warum das denn, auf die Jagd gehen ist doch viel spannender!" mault Hanna. „Aber die Jagd war auch viel gefährlicher und nur selten wollten die Frauen zur Jagd mitgehen", behauptet die Mutter. „Sammeln kann auch ganz schön anstrengend sein", überlegt Hanna und denkt dabei an die vielen Überlegungen bei dem letzten Pilzesammeln mit ihrem Opa. Es ist ganz schön gefährlich, etwas Giftiges mitzunehmen. Da mußten sich die Sammler auch bestens auskennen.

Als der Nachtisch geholt wird, kommt der Vater auf die Idee: „Wir könnten ja mal versuchen, ein richtiges Steinzeitmenu zu kochen!" – „Als Vorspeise", überlegt die Mutter, „könnte es eine Steinzeitsuppe geben, vielleicht eine Pilzsuppe!" – „Und als Hauptgericht Grillbraten mit Salat", fügt Hanna hinzu. „Die Damen hier am Tisch haben ja gute Ideen, jetzt fehlt nur noch eine gelungene Nachspeise!" schlägt der Vater vor. „Ganz einfach", sagt Philipp, „Obstsalat, wie wir ihn gerade auch essen, nur mit selbstgesammelten Beeren." – „Au ja", begeistert sich Hanna, „komm Philipp, wir gehen jetzt gleich mal los und schauen, ob es schon reife Brombeeren und Walderdbeeren gibt!"

Die Familie probiert noch viele gute Steinzeitspeisen aus. Und vielleicht habt ihr auch mal Lust, wie die Steinzeitmenschen zu kochen und zu essen!

Kochen mit heißen Steinen

Material: vier tennisballgroße Steine (möglichst Granit-, Basalt- oder Quarzitsteine), Lagerfeuer, vier Aststangen, stabiles Lederstück ca. 70 x 70 cm, feste Schnur, Wasser, eine gut biegbare Aststange
Alter: ab 4 Jahren

Die vier Aststangen werden im Abstand von 80 cm im Quadrat aufgestellt und an der Spitze gut verschnürt. Dieses zeltartige Gestänge soll den Wassersack aus Leder halten. Damit er beim Kochen mit den Kochsteinen nicht umfällt, ist darauf zu achten, daß das Gestänge fest in den Boden eingegraben steht.
Aus dem Lederstück kann leicht ein steinzeitlicher „Kochtopf", ein Wassersack, hergestellt werden. An den Rändern werden an das Lederstück Schnüre in ca. 30 cm Länge fest angeknotet. Aufgepaßt, daß das Leder nicht reißt! Die Schnüre werden am Astgestänge wiederum gut festgeknotet, so daß der Ledersack zwischen den Aststangen hängt und nur noch mit Wasser gefüllt werden muß.
Die vier „Kochsteine" werden im Lagerfeuer stark erhitzt und mehrmals gewendet, bis sie glühend heiß sind. Zum Wenden der Steine wird eine Kochstein-Holzklemme gebraucht, die sich ebenfalls selber herstellen läßt.
Eine ca. 2 cm dicke, gut biegbare Aststange wird an beiden Enden festgehalten und zu einer Klemme gebogen. Bevor mit dieser Klemme die heißen Steine aus dem Feuer geholt werden, sollte die Klemme vorher mit kalten Steinen getestet werden.
Das Erhitzen des Wassers wird erreicht, indem die glühenden Steine in das Wasser im Ledersack gelegt werden. Natürlich können auf diese Weise auch Tees und Suppen zubereitet werden.

Bau eines Steinzeitofens

Material: Spaten, Steine (z.B. altes Kopfsteinpflaster oder Basaltsteine, auf keinen Fall Kalk- oder Feuersteine, weil diese im Feuer zerplatzen)
Alter: ab 4 Jahren

Mit einem Spaten wird eine Grube (ca. 60 x 40 x 40 cm) ausgehoben. Mit kleinen Aststückchen und anderem gut entfachbarem Material wird ein Feuer in der Grube gelegt. In dieses Feuer kommen nun die Steine, die ca. eine Stunde im Feuer liegen müssen, bis sie recht heiß sind. Das noch nicht ganz verbrannte Brennmaterial wird dann aus der Grube genommen und die erhitzten Steine werden nebeneinander auf die Glut gelegt. Dann können in diesem Backofen leckere Gerichte zubereitet werden.

Lammkeule im Steinzeitbackofen

Material: Steinzeitbackofen, eine Lammkeule, Weißkohl- oder Wirsingblätter, Knoblauch, Zwiebeln, Gewürze: Pfeffer, Salz, Kräuter der Provence, Thymian
Alter: ab 4 Jahren

Auf das Glutbett mit den erhitzten Steinen werden zwei bis drei Schichten Kohlblätter ausgelegt. Darauf legen wir dann die gewürzte Lammkeule und einige Zwiebelstücke. Die Lammkeule wird mit Kohlblättern sorgfältig zugedeckt. Darauf wird wieder eine Lage heißer Steine geschichtet. Ein umgedrehtes Rasenstück, das vorher ordentlich ausgestochen wurde, dient als Abdeckung des Ofens. Darüber wird das ganze noch mit Erde etwas zugeschüttet. Die Lammkeule muß zweieinhalb bis drei Stunden garen.

Steinzeitliche Würzkunde

Diese Zutaten eignen sich alle zur Verfeinerung der steinzeitlichen Kost:
Salz, Minze, Koriander, Basilikum, Salbei, Kümmel, Senfkörner, Pfefferkörner

Steinzeit-Grillfete

Material: Lagerfeuer, Aststangen von ca. 1,50 m Länge, Messer, diverses Grillgut
Alter: ab 4 Jahren

Die Aststangen werden zunächst gesäubert und an einer Seite mit dem Messer etwas angespitzt. Dann kann das Grillgut (z.B. Fleischstückchen, Bananen, Kartoffeln) aufgespießt werden. Es ist sehr viel einfacher, nicht zu große Stücke zu grillen! Während der Spieß ins Feuer gehalten wird, muß er immer beobachtet werden, da sich das Grillgut stark entflammen kann und dann nicht mehr genießbar ist. Ein nicht gerade steinzeitlicher aber praktischer Tip: Durch das Umwickeln des Grillgutes mit Alufolie läßt sich diese Gefahr gut vermeiden. Zum Grillen eignen sich weiterhin: Fleisch- und Geflügelstückchen, Fische, Gemüse (z.B. Tomaten, Zwiebeln, Champignons), Früchte (z.B. Bananen, Äpfel), Stockbrot (vgl. Rezept S. 105).
Ohne Aststangen lassen sich in Alufolie gewickelte Kartoffeln, Gemüse und kleine Fleischstückchen direkt in der Glut grillen. Und sogar Eier können in einem solchen Feuer gar werden (Vorsicht beim Hineinlegen).

Blaubeerensammeln

Material: selbst herzustellendes Spielfeld aus Zeichenkarton, Spielfiguren und Kügelchen aus Modelliermasse, Würfel
Alter: ab 4 Jahren

Zunächst wird auf festem Zeichenkarton ein Spielplan hergestellt. Dieser kann ganz ähnlich wie bei der „Mammutwanderung" (S. 24) bzw. der „Rentierjagd" (S. 66) angelegt sein: mit entsprechend vielen Feldern und Ereignisfeldern. Als Spielfiguren können kleine Figuren aus Modelliermasse hergestellt werden; ebenso müssen aus Modelliermasse etwa 50 kleine Kugeln (etwa 1 cm Durchmesser) angefertigt werden, die „Blaubeeren".
Der Reihe nach wird gewürfelt und die Spielfigur gesetzt. Wenn ein Spieler auf einem Ereignisfeld ankommt, bekommt er eine Blaubeere. Am Ende des Spiels hat derjenige gewonnen, der die meisten Blaubeeren gesammelt hat.

KNOCHENFLÖTEN UND STEIN-MURMELN – KINDER IN DER STEINZEIT

Ein zehnjähriges Kind war in der Steinzeit wahrscheinlich in seiner körperlichen und geistigen Entwicklung sehr viel weiter als ein Kind des 20. Jahrhunderts. Das Leben als Jäger- und Sammlerkind war sicherlich sehr lehrreich und interessant; früh lernten die Kinder, von der Natur und mit der Natur zu leben. Bereits im Kleinkindalter wurden die Kinder zum Sammeln mitgenommen und lernten schnell, Eßbares von Nichteßbarem zu unterscheiden. Wahrscheinlich waren die Kleinen besonders fix, wenn es darum ging, unter Büsche zu kriechen und besondere Früchte oder Pilze zu finden.
Genauso lernten wahrscheinlich vor allem die Jungen, Tierspuren aufzuspüren, zu bestimmen und zu verfolgen, wenn sie zur Jagd mitgenommen wurden. Die Kinder wurden in ihrem Familienverband, der Sippe, schnell selbständig und fähig, kleine Aufgaben zur Sicherung der Existenz zu übernehmen und dafür Verantwortung zu tragen.

Einige interessante Entdeckungen in diesem Zusammenhang sind Fußspuren unterschiedlicher Größe in einigen Höhlen in Frankreich. Unternahmen die Steinzeitmenschen einen „Spaziergang" in eine Höhle, hinterließen sie manchmal heute noch erkennbare Spuren von nackten Füßen im vom Wasser leicht verhärteten Lehm. Es muß jedoch davon ausgegangen werden, daß vielleicht nur ein Tausendstel oder ein Millionstel der Spuren erhalten geblieben und entdeckt worden sind. Vielfach weisen die Spuren darauf hin, daß es Kinder waren, die diese Höhlen besuchten.
In der berühmten Höhle von Niaux wurde von einer Gruppe Pfadfinder eine Reihe Fußspuren entdeckt. Die Fußspuren, ungefähr 12.000 Jahre alt, wurden genau untersucht: Die Länge der Fußabdrücke deuten auf eine Körpergröße zwischen 1,40m und 1,60m hin, so daß heute davon ausgegangen wird, daß die steinzeitlichen Höhlenbesucher ungefähr dreizehn Jahre alt gewesen sind. Das war sicherlich eine aufregende Unternehmung, selbständig in diesem jungen Alter eine Höhle zu durchforschen. Davon würden gewiß auch heutige Jugendliche träumen, obgleich so ein Gang durch eine dunkle Höhle auch ganz schön gruselig sein kann, denn die meisten Höhlen haben mehrere Gänge, sind sehr dunkel und schwer begehbar. Sicherlich hat sich der eine oder andere Steinzeitabenteurer in diesen großen Höhlen auch mal verlaufen.
Ebenso übten die Höhlen auch auf Jugendliche des 20. Jahrhunderts einen besonderen Reiz aus. Das zeigt schon die Tatsache, daß viele der Entdecker berühmter Höhlen noch keine zwanzig Jahre alt waren.

Stellen wir uns die Frage, wie sich Kinder in der Steinzeit ihre Zeit vertrieben, so bieten die vorangegangenen Zeilen sicherlich einigen Aufschluß darüber. Diese Kinder konnten sich sicherlich tagelang damit beschäftigen, die Natur zu durchforschen und immerfort neue Abenteuer zu erleben, die ihnen die Natur bot. Eine Vielfalt von Spielzeugen benötigten die Steinzeitkinder daher wahrscheinlich nicht. Streiften sie in einer Höhle frei umher, kamen sie sicherlich auf viele einfache Spielideen. Aus einer Höhle von Le Tuc d'Audoubert wird berichtet, daß Steinzeitkinder – vermutlich aus purem Spaß an der Sache – ihre Finger senkrecht in den klebrigen Schlamm gesteckt haben. Auch das würde vielen Kindern des 20. Jahrhunderts großen Spaß bereiten, nur haben sie heute leider viel seltener die Gelegenheit dazu.

Erste Hinweise auf ein „steinzeitliches Puppentheater" ergaben Ausgrabungen, die 1926 in Voronej in Gagarino begonnen wurden. Dort wurden sechs Elfenbeinfrauenstatuetten und in der Nähe davon noch weitere geschnitze und modellierte Tierfiguren gefunden. Da diese Funde alle in der Nähe von steinzeitlichen Behausungen gemacht worden sind, ist es eine mögliche – wenn auch nicht bewiesene – Hypothese, daß es sich bei diesen Figuren tatsächlich um Spielzeug gehandelt hat. Und warum sollten die Kinder in der Steinzeit nicht auch Freude an Spielfiguren und Puppen gehabt haben, schließlich läßt sich damit wunderbar das tägliche Leben im „Puppentheater" oder im Spiel mit Puppen darstellen.

Zu den steinzeitlichen Spielsachen gehörten sicherlich auch kleine Musikinstrumente aus Knochen, die von Kindern und Erwachsenen benutzt wurden. Kleine Flöten aus hohlen Geflügelknochen mit drei oder sechs Löchern boten Kindern in der Steinzeit eine reizvolle musikalische Beschäftigung und das rhythmische Klopfen auf verschieden große Holzstücke, wie es heutige Kinder von Xylophon und Holzblocktrommel kennen, wird den Steinzeitkindern sicherlich auch in anderer Form bekannt gewesen sein und ihnen bestimmt nicht weniger Spaß bereitet haben als den heutigen Kindern.

Ebenso spielten die Kinder bereits in der Steinzeit mit Murmeln. Ihre „Murmeln" bestanden aus nur einigen Millimeter großen Kügelchen aus Quarz. Sie waren verschiedenfarbig, gelb, rot, weiß und vom Wasser kugelförmig abgeschliffen. Zahlreiche Spielzeuge wurden aus kleinen Knochen hergestellt, zum Beispiel Schwirrhölzer: Ein dünnes Knochenstück von ungefähr zehn Zentimetern Länge und 2 cm Breite wurde mit einem Loch versehen, so daß daraus geschlossen werden kann, daß eine Schnur daran befestigt war. Gelegentlich sind solche Knochenplatten, liebevoll graviert, gefunden worden. Mit einem solchen Schwirrholz, das schnell gedreht wird, ließen sich laute Geräusche erzeugen – und das war doch ein herrliches Spiel!

Sicherlich haben die kleinen Steinzeitmenschen auch vielfältige Bewegungsspiele entwickelt, die heute nicht mehr nachzuweisen sind. Ein Stückchen Ocker als Kreide bot ebenfalls einige Spielmöglichkeiten, und so kann angenommen werden, daß der junge Steinzeitmensch zahlreiche Gegenstände aus seiner Umgebung für sein Spiel nutzte.

Hanna, Philipp und die Steinzeitmurmeln

„Du, Philipp, hast du meine Murmeln gesehen?" fragt Hanna. „Nein", sagt Philipp, „hast du sie etwa verloren?" Hanna kratzt sich am Kopf und grübelt. „Ach, ist das doof", sagt sie, „ich hätte jetzt solche Lust, Murmeln zu spielen!" – „Ich habe eine Idee", sagt Philipp, „wir könnten ja selber Murmeln sammeln!" – „Wie soll das denn gehen?" fragt Hanna. „Ja, so wie die Steinzeitkinder ihre Murmeln selbst gesucht haben", antwortet Philipp, „schließlich gab's ja damals noch keine Kaufhäuser mit Riesen-Spielzeugabteilungen!" – „Wo haben denn die Steinzeitkinder Murmeln finden können?" fragt Hanna. „Zum Beispiel an Flußufern oder in kleinen Bächen", erklärt Philipp und ist sichtlich stolz, mal als richtiger Experte aufzutreten. „Sollen wir mal zum Meckelbach gehen und schauen, ob es darin solche Murmeln gibt?" schlägt Hanna vor. „Daran hätte ich wohl Spaß. Komm, wir sagen Mama nur mal kurz Bescheid, daß wir weggehen!"

„Mamaaa!" schallt es durchs Haus und kurz darauf wird die Haustür zugeschlagen. Philipp und Hanna haben beide einen kleinen Eimer in der Hand, als sie auf dem Weg zum nahegelegenen Bach sind. Nach etwa fünf Minuten sind sie am Bach angekommen. Sie haben sich auch für ihre Unternehmung gleich richtig angezogen: Mit Gummistiefeln waten sie durch den Bach, der zu dieser Jahreszeit nur wenig Wasser führt. Sonst hätten sie ihren Plan auch verschieben müssen. Hat ein Bach Hochwasser, ist es sehr gefährlich, darin herumzuwaten, denn auch ein kleiner Bach kann schon eine erhebliche Strömung entwikkeln. Da nützt dann selbst das „Seepferdchen" nichts!

Aber zurück zu unserer Geschichte. Hanna und Philipp entdecken einiges, als sie durch den Bach spazieren: Wasserpflanzen, große und kleine Steine und sogar ein paar kleine Fische. Allerdings machen sie auch weniger schöne Entdeckungen: Alte, vertrocknete Äste, ein alter Fahrradreifen und eine Menge gefährliche Rost- und Glasstücke liegen auch in dem Bach. Aber auch so manches Steinchen wandert in die Eimer der beiden Kinder.

Auf dem Nachhauseweg sagt Hanna zu Philipp: „Die Steinzeitmenschen hatten noch keine Gummistiefel!" – „Die brauchten sie auch nicht", antwortet Philipp bestimmt, „schließlich waren die Bäche in der Steinzeit auch noch nicht so verschmutzt. Gut, daß du daran gedacht hast, Gummistiefel anzuziehen. Wenn wir barfuß in diesen Bach gegangen wären, hätten wir uns bestimmt schlimm verletzt!"

Zu Hause angekommen, untersuchen Hanna und Philipp erst einmal genau ihre Fundstücke, die sie von ihrem Spaziergang mitgebracht haben. Viele kleine, bunte Steinchen liegen in ihren Eimern. „Haben die schöne, verschiedene Farben", sagt Hanna, „unsere selbstgefundenen Murmeln sind ja mindestens genauso schön wie unsere gekauften." – „Sollen wir mal probieren, wie sich damit spielen läßt?" schlägt Philipp vor. Hanna willigt sofort ein und die beiden Kinder spielen bis zum Abend mit ihren selbstgesuchten Murmeln.

Abends, beim Abendessen, erzählen die beiden von ihren Funden im Bach. „Die Steinzeitkinder waren ganz schön clever", meint Hanna abschließend, „ich gebe jedenfalls kein Taschengeld mehr für Murmeln aus!" – „Die Steinzeitkinder hatten noch eine Menge selbstgemachter Spielzeuge", fügt die Mutter hinzu. „Zum Beispiel haben sie aus Geflügelknochen kleine Spielzeuge, zum Beispiel Flöten, gebastelt", erklärt der Vater. Hanna und Philipp sind völlig begeistert und rufen wie aus einem Munde: „Morgen muß es Hühnchen geben, damit wir solche Flöten bauen können!"

Flöte

Material: Röhrenknochen, ersatzweise Bambusrohr, Säge
Alter: ab 4 Jahren

Als Röhrenknochen eignet sich der Oberschenkelknochen eines Hähnchens, einer Ente oder einer Gans.
Das Knochenmaterial wird vor der Bearbeitung in Waschmittellauge gekocht, abgefleischt und möglichst durch Einlegen in Benzin entfettet. Anschließend wird der Knochen in der Mitte quer durchgesägt. Auf den beiden hohlen Knochenhälften kann jetzt (wie bei einer Panflöte) gepfiffen werden.
Wenn kein Geflügelknochen zur Verfügung steht, kann auch ein Stück Bambusrohr benutzt werden, wobei darauf zu achten ist, daß eine Seite des Rohres geschlossen sein muß. Unterschiedliche Töne lassen sich erzeugen, indem mehrere Flöten unterschiedlicher Länge hergestellt werden.

Schwirrholz

Material: dünne Holzbrettchen, ca. 5 x 20 cm, Säge, Schmirgelpapier, Bohrer, Bindfaden
Alter: ab 6 Jahren

Die uns erhaltenen steinzeitlichen Schwirrhölzer bestehen aus Knochenmaterial. Einfacher ist die Herstellung aus dünnen Holzbrettchen. Zunächst wird die Form auf das Brett aufgezeichnet und vorsichtig ausgesägt. Die Kanten werden mit Schmirgelpapier geglättet. Mit einem Bohrer wird ein Loch an eine Seite des Holzbrettes gebohrt. Das Schwirrholz wird an dem Bindfaden befestigt. Wenn es schnell am Bindfaden geschwungen wird, erzeugt es einen schwirrenden Ton.

Steinmurmeln

Material: kleine runde Steine, Ton, Modelliermasse, Farbe, Pinsel
Alter: ab 4 Jahren

Auf einem Spaziergang lassen sich kleine runde Steine finden, mit denen ausgezeichnet Murmeln gespielt werden kann. Die Suche in einem Bach ist besonders erfolgversprechend! Allerdings empfiehlt es sich, wie Hanna und Philipp Gummistiefel anzuziehen. Natürlich lassen sich Murmeln auch aus Ton oder Modelliermasse herstellen. Dabei ist darauf zu achten, daß die Murmeln möglichst gleichmäßig groß werden. Die selbsthergestellten Murmeln lassen sich abwechslungsreich farbig gestalten.

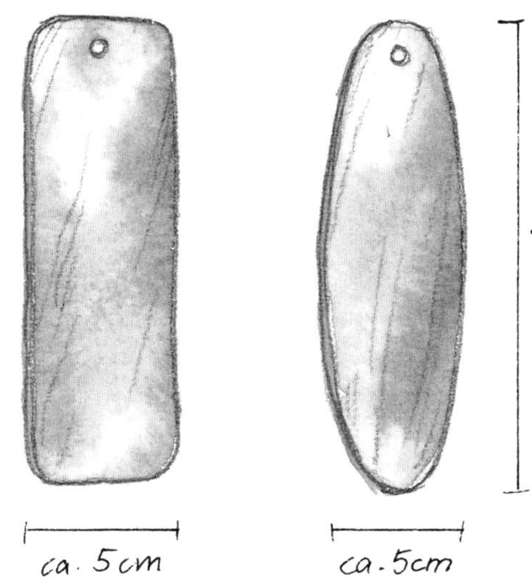

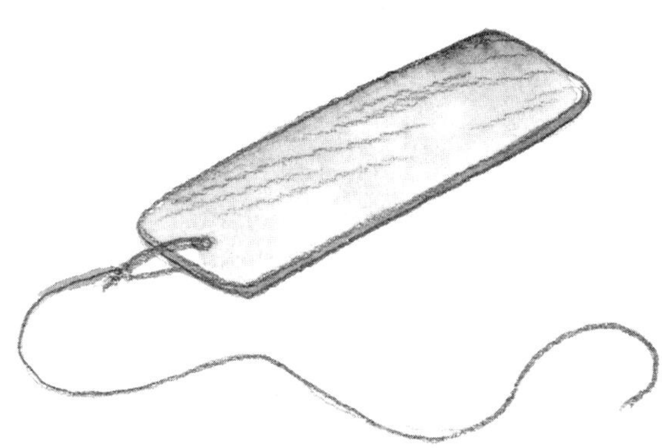

Bau einer einfachen Trommel

Material: Pappröhre von mindestens 15 cm Durchmesser (sehr gut eignen sich Kernrollen von Teppichböden), Säge, feste Plastikfolie, Bohrer, Bindfaden, Pinsel, Farbe
Alter: ab 4 Jahren

Es ist davon auszugehen, daß in der Steinzeit auch einfache Rhythmus-Instrumente in Gebrauch waren. Neben Holzblöcken und verschiedenen Gebrauchsgegenständen auf denen interessante Klänge erzeugt werden können, wird hier der Bau einer einfachen Trommel vorgeschlagen, obwohl die Fundsituation keine deutlichen Hinweise darauf gibt.
Die Pappröhren werden in unterschiedlichen Längen mit der Säge zugeschnitten. Der obere Rand der Trommel wird mit Bohrungen versehen. Die Plastikfolie wird nach allen Seiten etwa 5cm größer als der Durchmesser der Papphröhre ausgeschnitten und mit Bindfaden fest an die Trommel geknoten. Dabei ist darauf zu achten, daß die Folie über der Trommel gespannt ist. Danach kann die Trommel farbig gestaltet werden.

Spielfiguren aus verschiedenen Materialien

Interessante Funde sind geschnitzte oder modellierte Tierfiguren, die in der Steinzeit als Spielzeug gedient haben könnten. Solche Figuren lassen sich einfach aus Modelliermasse oder Ton herstellen. Dabei ist zu beachten, daß die Tier- oder Menschenskulpturen möglichst kompakt geformt werden, da abstehende Einzelteile leicht abbrechen können. Die fertigen Figuren können farbig gestaltet werden. Wenn die Figuren in die „Steinzeitlandschaften" (Sommer- oder Winterlandschaft, vgl. S. 22) integriert werden sollen, so ist darauf zu achten, daß die Größenverhältnisse stimmen.

Material: Ton, Brennofen
Alter: ab 4 Jahren

Der Ton muß vor dem Modellieren gut durchgeknetet werden. Um eine gute Haltbarkeit der modellierten Figürchen zu erreichen, ist es allerdings bei dieser Modelliermasse erforderlich, daß sie im Tonofen bei ca. 800° gebrannt wird. Vorher sollten die Tonfiguren ca. vier Wochen in einem trockenen Raum gut durchtrocknen.

Material: Zeitungspapier oder Eierkartons, Tapetenkleister
Alter: ab 4 Jahren

Eine preiswerte und gut zu verarbeitende Modelliermasse ist Pappmaché. Sie wird aus kleingerissenem Zeitungspapier oder Eierkartonstückchen und gut verrührtem Tapetenkleister mit Wasser hergestellt. Die entstandene Masse kann über mehrere Tage aufbewahrt werden und läßt sich leicht verarbeiten.

Sollen größere Figuren aus Pappmaché hergestellt werden, ist es auch möglich, Zeitungspapier zu einer kleinen Kugel (z.B. als Kopf) zu rollen und mit Tapetenkleister und Zeitungspapierstückchen die Kugelform weiter auszumodellieren. Eine weitere Kugel aus Zeitungspapier kann dann den Körper bzw. den Bauch bilden, an den mit Tapetenkleister und Zeitungsstücken weitere Körperteile (z.B. Arme und Beine) anmodelliert werden. Zuletzt werden Kopf und Körper auf dieselbe Weise miteinander verbunden. Dabei ist auf die Haltbarkeit der Verbindung zu achten, die durch das Aufeinanderlegen von mehreren Schichten Kleister und Zeitungspapier gut erreicht werden kann.
Die fertigen Pappmachéfiguren sind ungefähr nach einer Woche getrocknet. Die getrockneten Figuren können dann farbig gestaltet werden.

Material: Salz, Mehl, Wasser, Backofen
Alter: ab 4 Jahren

Zur Herrstellung von Salzteig wird die gleiche Menge Salz und Mehl gut miteinander verrührt. Dazu wird soviel Wasser beigemengt, bis sich ein gut zu knetender Teig gebildet hat. Aus diesem preisgünstigen Modellierteig lassen sich große und kleine Menschen- und Tierfiguren hervorragend kneten, nachdem der Teig mehrfach ausgerollt und wieder zusammengeknetet worden ist. Die fertigen Werkstücke müssen bei 100° im Backofen gebacken werden und können dann mit Wasserfarbe farbig gestaltet werden.

Knete selbstgemacht

Material: für 1 kg Knetmasse wird benötigt: 400 gr. Mehl, 200 gr. Salz, 2 El (ca. 11 gr.) Alaunpulver (aus der Apotheke), 3 El. Öl, 1 El. Lebensmittelfarbe, Wasser
Alter: ab 4 Jahren

Mit selbstgemachter Knete lassen sich schöne Figürchen herstellen. Besonders kleine Kinder gehen gerne mit diesem Material um.
Zunächst wird Mehl, Salz und Alaunpulver in einem großen Gefäß vermischt. Zu einem halben Liter kochendem Wasser wird Öl und Lebensmittelfarbe hinzugerührt. Danach wird das Wasser der Masse aus Mehl, Salz und Alaunpulver beigemengt. Der Knetteig muß so lange verrührt werden, bis er lauwarm geworden ist und mit den Händen durchgeknetet werden kann. Die Knete kann durch die Zugabe von etwas Öl noch weicher und modellierbarer gemacht werden. Verschiedenfarbige Knete entsteht durch den Zusatz von verschiedenfarbigen Lebensmittelfarben. In einer Plastiktüte oder einer Frischhaltebox kann die Knete mehrere Wochen aufbewahrt werden.

Bärenhöhle

Material: -
Alter: ab 4 Jahren

Die Spielgruppe wird eingeteilt: der größere Teil der Spieler wird „Höhlenbär", die übrigen Spieler sind „Höhlen". Die „Höhlen" stehen mit gespreizten Beinen im Kreis. Die Höhlenbären laufen (vierbeinig) im Raum umher. Auf ein Kommando der Spielleitung (z.B. Händeklatschen) muß sich jeder „Höhlenbär" einen „Höhleneingang" suchen. Wer keinen unbesetzen Eingang mehr gefunden hat, bleibt auch in der nächsten Runde Höhlenbär, die übrigen Spieler tauschen in der nächsten Runde die Rollen.

Nüsse-Sammeln

Material: soviel Nüsse wie Spieler
Alter: ab 4 Jahren

Die Spieler werden in zwei Gruppen gleichmäßig aufgeteilt. Sie stellen sich jeweils hintereinander in zwei Reihen an der einen Seite des Raumes auf. Auf der gegenüberliegenden Seite des Raumes liegt für jede Gruppe eine Schale mit Nüssen. Auf ein Kommando startet der erste Spieler jeder Gruppe, um eine Nuß zu holen. Kehrt er mit seiner Nuß zur Gruppe zurück, darf der nächste Spieler der Gruppe starten. Gewonnen hat die Mannschaft, die als erste alle Nüsse eingesammelt hat.

Der Weg vom Lager zum Sammeln von Beeren und Früchten war nicht immer ganz unbeschwerlich. In einer etwas schwierigeren Variante des Spiels ist es daher möglich, Hindernisse auf dem Weg einzubauen, die überwunden werden müssen.

Steinzeit-Petanque

Material: pro Spieler zwei tennisballgroße, möglichst runde Steine, zusätzlich ein kleinerer runder Stein als Zielstein
Alter: ab 5 Jahren

Die Cro-Magnon-Menschen sind in Frankreich entdeckt worden, so daß es nur wahrscheinlich ist, daß auch sie dieses französische Nationalspiel mit Begeisterung spielten! In der Steinzeitvariante des Boules-Spieles werden selbstverständlich keine Kugeln aus Plastik oder Metall verwendet, sondern authentischerweise Steinkugeln.
Zunächst wird die Zielkugel einige Meter weit von der Gruppe der Spieler, die sich in einer Reihe nebeneinander anordnen, ausgeworfen. Dann wirft jeder Spieler nach der Reihe seine erste Spielkugel in Richtung Zielkugel. Ziel ist es, möglichst nahe an die Zielkugel heranzukommen.
Im zweiten Durchgang wirft zuerst derjenige Spieler seine zweite Spielkugel, dessen erste Kugel am weitesten von der Zielkugel entfernt liegt, danach derjenige, dessen Kugel am zweitweitesten entfernt ist usw. Es ist auch möglich, die Zielkugel zu treffen und dadurch ihre Lage zu verändern, was den Spielstand erheblich verändern kann.
Zum Schluß des Spiels hat derjenige gewonnen, dessen Kugel am nächsten bei der Zielkugel liegt.

Hinweis: Es ist darauf zu achten, daß alle Mitspieler hinter der „Schußlinie" bleiben, solange mit Steinen geworfen wird!

ERDFARBEN UND HAARPINSEL – DIE KUNST DER CRO-MAGNONS

Die berühmtesten Funde aus der Steinzeit sind sicherlich die Höhlenmalereien der Cro-Magnon-Menschen. Heutzutage, nachdem die Echtheit dieser Kunst erwiesen ist und in die Steinzeit datiert werden konnte, kommen alljährlich Tausende von Besuchern ins Perigord in Frankreich, in das Gebiet um die berühmte Höhle von Lascaux, die als schönste der ausgemalten steinzeitlichen Höhlen gilt. Mittlerweile mußte eine genaue Nachbildung der Höhle von Lascaux („Lascaux II") erstellt werden, weil der hohe Besucherandrang die echten Höhlenmalereien durch ein Übermaß an Atemluft, die in den Höhlen die Algen- und Schimmelbildung fördert, zerstören würde. Lascaux II ist aber für den Besucher trotzdem zu empfehlen.
Diese Nachbildung vermittelt einen „sehr echten" Eindruck und ist jeder anderen Abbildung zum Beispiel aus Büchern bei weitem vorzuziehen. Andere Höhlen mit ebenso schönen Höhlenmalereien können z.T. noch besichtigt werden, allerdings ist die Anzahl der Besucher, die täglich eingelassen werden, häufig begrenzt. Allein im Gebiet des Perigord gibt es die stattliche Anzahl von 24 Fundstätten mit sehenswerter Höhlenkunst.

Die Jäger und Sammler in der Steinzeit haben sich also nicht nur um die Sicherung ihrer Existenz gekümmert, sondern fanden in der Kunst eine beliebte Beschäftigung. Sie malten oder ritzten in Höhlen besonders gerne Darstellungen von Tieren. Auch menschliche Wesen und sogenannte nichtnaturalistische „Zeichen" sind Motive dieser Felsbilder gewesen. Vor allem zeigen sie Bisons, Urochsen, Wildpferde, Steinböcke, Rentiere, Hirsche, Mammuts und Wollnashörner. Seltener sind Höhlenlöwen, Braunbären, Fische und Vögel dargestellt worden. Bei diesen Tierdarstellungen an den Höhlenwänden bedienten sich die Cro-Magnon-Künstler einer Vielfalt von Stilen und Techniken. Sie sind manchmal vollendet, manchmal nur grob ausgearbeitet, oft recht detailiert, manchmal kunstlos, manchmal isoliert, oft sich überschneidend und überlagernd und bewegungsgeladen.
Diese Künstler schufen großartige Gruppenkompositionen von Tieren, die voller Bewegung und Vitalität sind. Die ungewöhnlichen technischen Fertigkeiten und das künstlerische Einfühlungsvermögen vieler Künstler sind besonders beeindruckend bei diesen Felsbildern.

Lassen wir, in einer Höhle stehend, diese Höhlenbilder auf uns wirken, so fasziniert, wie die Menschen in der Steinzeit die Tiere um sich herum wahrgenommen und gesehen haben. Jeder Besucher, der vorher noch mit dem Steinzeitmenschen die Vorstellung vom wilden, primitiven Jäger verbunden hat, geht zunächst einmal überrascht aus solch einer Höhle. Die zusätzlichen Informationen, daß diese Maler nicht ihre Wohnstätten verziert haben, sondern tief ins Dunkle einer Höhle hineingeklettert sind und mit kleinen Öllämpchen ihre Malfläche beleuchtet haben, läßt die Anstrengungen dieser Maler erahnen.
Die Farbpaletten und Pinsel eines Steinzeitmalers mußten vorher sorgfältig hergestellt werden, und an Erfindungsgeist durfte es dem engagierten Steinzeitmaler gewiß nicht fehlen. Sie malten, rieben und pusteten durch Knochenröhrchen die Farbe aus Erdpigmenten auf. Dabei verwundert den heutigen Betrachter die Übung dieser Maler. Nur selten fällt ein „verunglücktes" Bild ins Auge. Das Ritzen in den Stein kann der Betrachter selber gut ausprobieren, indem er einen Felsbrocken nimmt und mit einem harten, spitzen Stein erste Ritzversuche unternimmt. Bei solch einem empfehlenswerten Versuch wird allerdings auch schnell deutlich, daß die Felsritzungen sehr viel einfacher aussehen, als sie herzustellen sind.

Die Farbgebung der Höhlenmalereien ist besonders beeindruckend. Helles Ocker, intensives Rot und tiefes Schwarz lassen die gemalten Tiere in einer ausgearbeiteten Plastizität auf den Betrachter wirken. Es fällt auf, daß die Höhlenmaler den Felsuntergrund als Malfläche in ihre Darstellung mit einbezogen haben und Vertiefungen oder Felsvorsprünge genutzt haben. Ein schönes Beispiel dafür ist ein Pferdekopf aus der Höhle von Pech Merle, der plastisch in den Fels integriert ist.

Die technischen Fertigkeiten und das künstlerische Einfühlungsvermögen dieser Steinzeitkünstler läßt den Betrachter kaum glauben, daß diese Kunstwerke vor 12.000 bis 15.000 Jahren v. Chr. entstanden sind. So ging es auch den Wissenschaftlern bei den ersten Entdeckungen der Höhlenmalereien zu Beginn des 20. Jahrhunderts.
Zunächst wurden die steinzeitlichen Felsbilder für zufällige „Kritzeleien" gehalten, nachdem das Alter der Felsbilder akzeptiert war. Denn schließlich hatte die Wissenschaft zu dieser Zeit vom Steinzeitmenschen das Bild eines primitiven Jägers, so daß sich über Jahrzehnte als Motiv für die Entstehung der Höhlenbilder die Annahme eines primitiven Jagd- und Fruchtbarkeitszaubers durchgesetzt hatte. Es bestand die Vorstellung, daß die Jäger der Steinzeit in die Höhlen gekrochen sind, Bilder von Tieren gemalt haben und mit Beschwörungszeremonien ihre Jagderfolge positiv beeinflussen wollten. Bei diesen Interpretationen wurden die sogenannten „Zeichen" als Hilfsmittel beim Fang von Nutztieren und bei der Tötung von gefährlichen Tieren gedeutet.
Der steinzeitliche Mensch und Maler scheint jedoch eine viel komplexere Beziehung zu den Tieren gehabt zu haben. Völkerkundliche Vergleiche aber auch eine genaue Analyse der Felsbilder ergaben, daß das Tier für den steinzeitlichen Menschen nicht „bloße Jagdbeute" gewesen sein konnte, vielmehr verband den steinzeitlichen Jäger – ganz im Gegensatz zu unserer heutigen, europäischen Tradition – eher ein freundschaftliches, verehrendes Verhältnis zu den Tieren, die Bestandteil der Natur und seines Lebens waren.

Vermutungen über die vielfältigen Gründe der Steinzeitmenschen, so und nicht anders gemalt zu haben, ergaben zahlreiche Interpretationen. In allen Deutungsversuchen wird deutlich, wie sich die Auffassungen über die steinzeitliche Kunst mit der veränderten Einstellung gegenüber den „primitiven" Völkern ebenfalls gewandelt hat.
Vom heutigen Standpunkt her ist es nicht möglich, eine allgemeingültige Erklärung für die steinzeitliche Kunst zu geben. Sicherlich hatten diese berühmten Kunstwerke mehrere Entstehungsgründe und resultierten aus verschiedenen Interessenlagen der Steinzeitmenschen. In diesem Zusammenhang ist es auch noch einmal wichtig, sich deutlich zu machen, daß diese berühmten Felsbilder im langen Zeitraum von über 3.000 Jahren entstanden und schon deshalb in ihrer Vielgestaltigkeit nicht mit ein paar Sätzen zu erklären sind. Nicht einmal ein Steinzeitmaler könnte uns jedes Bild erklären, obgleich er sicherlich bei der Interpretation eine große Hilfe wäre.

In diesem Kapitel wurde vorrangig die Kunst beschrieben, die die Cro-Magnons in den Höhlen als eines der ältesten Zeugnisse menschlicher Kultur entwickelt haben. Darüber hinaus sind die zahlreichen plastischen Fundstücke zu erwähnen, die ebenso Aussagen über die technischen und künstlerischen Fertigkeiten der Menschen der Steinzeit machen. Besonders bemerkenswert sind die kleinen, plastischen Menschengestalten, vornehmlich Frauenstatuetten, die im wesentlichen aus Mammutelfenbein oder Knochen, seltener aus Stein und Lehm gefertigt wurden. Bei diesen Kunstwerken wird die Vielgestaltigkeit weiblicher Statuetten besonders deutlich und gibt die verschiedenartigen Typen von Steinzeitfrauen wieder. Auch verschiedene Haarmoden lassen sich an diesen Statuetten erkennen. Warum diese Figürchen hergestellt wurden, werden wir wahrscheinlich nie erfahren.

Menschenfigur vom Galgenberg (Österreich) ca. 32000 Jahre alt

„Venus von Willendorf" ca. 21000 - 28000 Jahre alt

Frauenfigur mit Löwenkopf aus Mammutelfenbein ca. 32000 Jahre alt

„Venus von Laussel"

Hanna, Philipp und die Höhlenkunst

„Marco, mein Freund, fliegt in den Sommerferien nach Mallorca", erzählt Philipp seiner Schwester Hanna beim Spielen. „Mann, der fliegt mit einem Flugzeug?" staunt Hanna. „Wo fahren wir eigentlich hin? Komm, wir fragen mal!"
Schnell gehen die Kinder zur Mutter, die im Wohnzimmer sitzt und liest. „Du Mama, was unternehmen wir eigentlich in den Sommerferien?" fragt Philipp. „Wir haben uns überlegt, nach Frankreich zu fahren", sagt die Mutter, „dorthin, wo die Menschen in der Steinzeit gelebt und gejagt haben. Da gibt es auch viele Höhlen, in denen die Steinzeitmenschen gemalt haben." – „Sind die Bilder, die die da gemalt haben, heute noch zu sehen?" fragt Hanna. „Ja", erzählt die Mutter, „denn die Steinzeitmenschen haben auf die Wände der Höhlen gemalt. Es gibt sogar eine Höhle, da werden wir mit einer kleinen Bahn mehrere hundert Meter tief in einen Berg hineinfahren, um die Malereien der Steinzeitmenschen anzusehen." – „Au ja, das wird spannend!" freuen sich Hanna und Philipp.

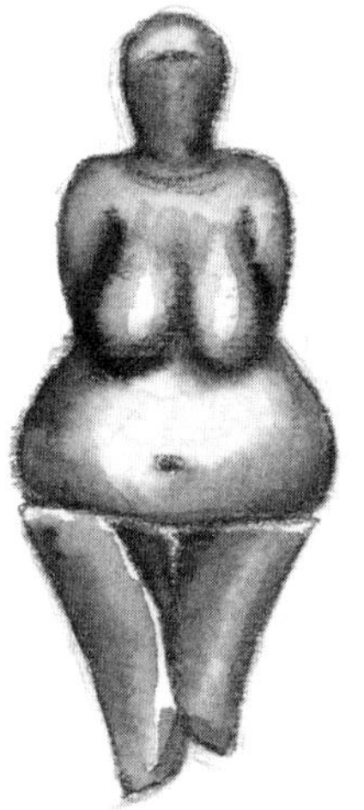

Venus von Dolní Věstonice

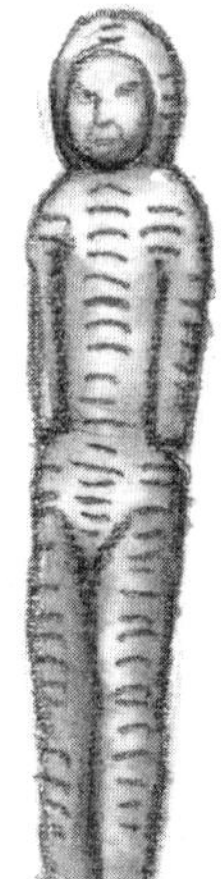

Figur aus Buret, Sibirien

In dem Augenblick kommt auch ihr Vater nach Hause. „Hallo Paps, Mama hat uns erzählt, daß wir in den Sommerferien zu den Steinzeithöhlen fahren!" begrüßen ihn Hanna und Philipp. „Ja", sagt der Vater, „wenn ihr damit einverstanden seid. Kommt, ich zeige euch ein paar Bilder aus diesen Höhlen."
„Die haben ja ganz viele Mammuts gemalt! Und schau mal, auf diesem Bild sind bunte Kühe, Ponys und ein Pferd, das wegläuft", wundert sich Philipp. „Hatten die Steinzeitmenschen denn so einen Malkasten wie wir?" fragt Hanna. „Nein, sie haben ihre Farben selber gemacht", erklärt die Mutter. „Die schwarze Farbe erhielten sie aus Holzkohle und hier, diese Rot- und Brauntöne sind Farben aus geriebenen Steinen." – „Aber so ein Farbpulver fällt doch beim Malen von der Wand", wendet Philipp ein. „Du hast völlig recht", sagt der Vater, „sie haben aus diesen Farbpulvern richtige Stifte und Malfarbe hergestellt, indem sie zum Beispiel Tierfette dazugemengt haben." – „Dann hatten die auch bestimmt Fingerfarben", überlegt Hanna. „Ja, schaut mal auf dieses Bild!" zeigt die Mutter, „hier haben die Steinzeitmenschen ihre Hände abgedruckt!" – „Hatten sie denn auch Pinsel?" fragt Philipp. „Sie hatten Pinsel, Stifte und Röhrchen, mit denen sie die Farbe auf die Wand pusteten", antwortet die Mutter.
„O je, ich habe ganz vergessen, daß ich noch einkaufen muß. Wollt ihr mitgehen?" – „Ja, ich muß auch noch etwas besorgen!", sagt der Vater, „laßt uns zusammen gehen!" – „Wir bleiben hier", einigen sich Hanna und Philipp. „Wir probieren, wie die Steinzeitmenschen zu malen!"

Herstellen eines einfachen Pinsels

Material: kleine Stücke weiches Tierfell mit nicht zu kurzen Haaren, Holzstäbchen ungefähr 15 cm lang, Klebeband
Alter: ab 6 Jahren

Die Tierhaare werden möglichst lang abgeschnitten und in verschiedenen Stärken gebündelt. Dann werden die Haare mit Klebeband am Holzstäbchen befestigt. Dabei ist darauf zu achten, daß die Tierhaare glatt zusammenliegend und in einer Richtung am Holzstab angebracht werden. Dann können erste Malversuche gestartet werden. Mit den selbstgemachten Pinseln kann zu dünnflüssige Farbe nicht vermalt werden.

Herstellung einer Zeichenfeder aus der Natur

Material: Schilfrohr, Bambus oder Hölzer; größere Vogelfedern (z. B. Gänsefedern)
Alter: ab 6 Jahren

Auf einem Spaziergang läßt sich dickes und dünnes Schilfrohr sammeln, das mit einem Messer schräg angeschnitten wird. Die entstandene Spitze muß in der Mitte ungefähr einen halben Zentimeter tief eingeschnitten werden. Auch aus dünnen Hölzern oder Bambusstückchen kann eine solche Zeichenfeder wie oben beschrieben hergestellt werden. Eine besonders gute Zeichenfeder läßt sich aus einer Gänsefeder, die in oben beschriebener Weise behandelt wird, herstellen. Mit schwarzer oder farbiger Tusche kann gut mit diesen Federn auf nasses, saugfähiges Papier gezeichnet werden.

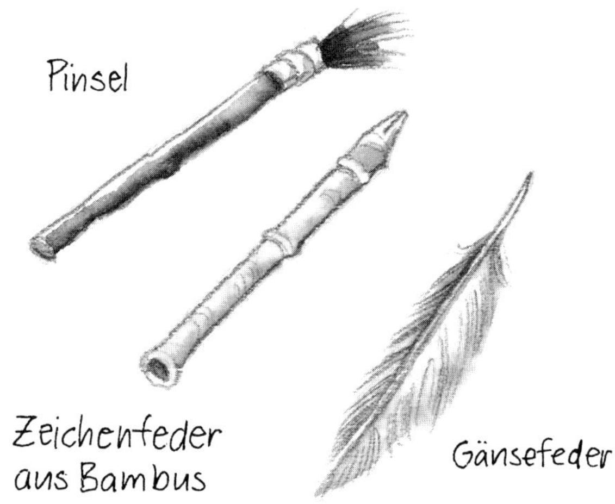

Pflanzenfarben

Material: Kräutertees und/oder Gemüsesäfte, z.B.: Kamillentee, Möhrenkraut, braune Zwiebelschalen, Birkenblätter (gelb); rote Rüben, Malventee, rote Zwiebelschalen, roter Johannisbeersaft, Kirschsaft, Mohrrüben, Maulbeeren (rot); Heidelbeere, Holunderbeeren (blau); schwarze Johannisbeere, Rotkraut, Brombeeren (blauviolett); Spinat, Salbeitee, Kleeblätter (grün); schwarzer Tee, Walnußblätter, Kaffee (braun bis schwarz). Gefäße zum Kochen, Gläser mit Schraubdeckel
Alter: ab 4 Jahren

Die Pflanzen oder Tees müssen lange in wenig Wasser gekocht werden. Beim Kochen verdunstet ein großer Teil des Wassers und es entsteht ein kräftiger Farbsud. Nachdem der Farbsud abgekühlt ist, wird er durch ein feines Sieb oder einen Leinenlappen in ein Glas mit Schraubdeckel gegossen. Die Pflanzenfarben werden am besten mit einem dicken, weichen Haarpinsel aufgetragen. Sie eignen sich besonders für die Bemalung von Stoff und saugfähigem Papier.

Erdfarben

Material: Verschiedenfarbige feine Erde, Mörser, Wasser, Tapetenkleister, Gläser mit Schraubdeckel
Alter: ab 4 Jahren

Je nach der Beschaffenheit des Bodens kann Grundstoff für gelbe, rote, graue, grüne, braune, schwarze Farbe gefunden werden.
Mit einem Mörser wird die Erde fein zerstampft und dann mit wenig Wasser vermischt, bis ein dicker Brei entsteht. Dieser Brei sollte am besten eine Nacht stehen und dann mit ein wenig selbstangerührtem Tapetenkleister als Bindemittel vermischt werden. Die Farben können in Gläsern mit Schraubdeckeln einige Wochen aufbewahrt werden. Erdfarben werden mit einem dicken Borstenpinsel oder mit den Fingern vermalt. Sie können auf Steine, festes Packpapier oder Zeichenkarton aufgetragen werden.

Zuckerkreiden

Material: Tafelkreiden, Wasser, Zucker, verschiedene Papiersorten, Haarspray
Alter: ab 4 Jahren

Verschiedenfarbige Tafelkreiden werden in kleinere Stücke gebrochen und in Wasser und Zucker einige Stunden eingeweicht. Auf eine Tasse Wasser sind zwei Kaffeelöffel Zucker und ein Stück Tafelkreide notwendig. Der Zucker dient dabei als Bindemittel, um der Farbe mehr Haltbarkeit auf dem Papier und mehr Leuchtkraft zu verleihen.
Die Farbmasse kann zu weichen Kreidestücken zusammengeknetet und ohne Druck auf den Untergrund (Packpapier, rauhes, glattes Tonpapier) vermalt werden. Um die die Zeichnungen auf dem Papier zu fixieren, wird billiger Haarspray auf das bemalte Blatt gesprüht.

Zeichenkohle

Material: Holzstücke, Alufolie
Alter: ab 5 Jahren

Zeichenkohle läßt sich einfach herstellen, indem kleine Äste oder Holzstücke in Alufolie eingewickelt und beim Grillen in die Holzkohlenglut (bzw. in das Lagerfeuer) hineingelegt werden. Mit den verkohlten Holzstücken läßt sich gut auf weiches Papier und auf Steine zeichnen.

Fingerfarben selbsthergestellt

Material: ungiftige Farbpigmente (im Farbengeschäft erhältlich), Tapetenkleister, große Bögen Papier, Malkittel
Alter: ab 4 Jahren und jünger

Besonders kleineren Kindern macht es großen Spaß, mit Fingerfarben zu malen. Mit diesen Farben können Handabdrücke, wie sie in den steinzeitlichen Höhlen gefunden worden sind, hergestellt werden, aber auch Tierbilder lassen sich mit Fingerfarben in Kombination mit der aus der Fantasie gestalteten Natur abwechslungsreich aufs Papier bringen. Die in Farbengeschäften erhältlichen, ungiftigen Fingerfarben eignen sich gut dafür; Fingerfarben lassen sich aber auch ganz einfach selbst herstellen.
Ungiftiges Farbpigment wird mit etwas Wasser zu einem dicken Brei verrührt und mit dick angerührtem Tapetenkleister vermischt. Diese schnell hergestellten Fingerfarben lassen sich gut mit den Händen vermalen, regen die Malfreude an und entkrampfen „zaghaftere" Maler. Auf Tapetenrollen ist es möglich, große, höhlenmalereiähnliche Wandfriese zu gestalten.

Farben aus Farbpigmenten selbstangerührt

Material: pulverisierte Farbpigmente in verschiedenen Farben (erhältlich in Farbengeschäften), Plastikbecher, Plastiklöffel, Tapetenkleister oder Eier als Bindemittel
Alter: ab 4 Jahren

Die Steinzeitmaler haben ihre Farben aus Farbpigmenten und Tierfetten selbst angerührt. Denkbar ist, daß sie auch sogenannte Eiweißfarben hergestellt haben. Die Herstellung funktioniert so: Einige Löffel Farbpigment werden mit Wasser zu einem dicken Brei verrührt. Dabei muß die Masse so gut verrührt werden, daß alle Klumpen verschwunden sind. Als Bindemittel, um die Farbe auf dem Papier haftbar zu machen, eignet sich die Zugabe von breiig angerührtem Tapetenkleister oder einem Eidotter oder einem Eiweiß. Der Farbbrei muß mit dem Bindemittel gut verrührt werden. Dann kann mit dem Malen begonnen werden.

Farbe pusten

Material: Papier, Strohhalme, Pinsel, Pipette, Wasserfarbe
Alter: ab 4 Jahren

Die Steinzeitkünstler malten ihre Farben nicht nur mit selbsthergestellten Pinseln auf, sondern pusteten sie auch durch dünne Röhrenknochen auf die Malfläche auf. Ersatzweise nehmen wir in diesem Experiment Strohhalme für die Herstellung von einfachen Pustebildern.
Verdünnte Wasserfarbe wird mit einem Pinsel oder einer Pipette auf das Papier getropft. Die Farbe kann mit einem Strohhalm verblasen werden. Auch wenn die Steinzeitkünstler die Farbe nicht entsprechend aufgebracht haben, kann doch deutlich werden, wie schwierig es ist, mit dieser Methode gezielte Flächen farbig zu gestalten und welche Vielfalt des Farbauftrages die Maler vor ca. 15.000 Jahren beherrschten.
Wegen der möglichen Giftigkeit von heutigen Farben empfehlen wir **nicht** die originale steinzeitliche Methode des Aufpustens von Farbpigmenten.

Ritz- und Kratzbilder mit Wachsmalkreide

Material: Wachsmalkreiden, schwarze Tusche oder Plakafarbe, Kratzwerkzeuge (z.B. Pinselstiel, Feder, Hölzchen oder Nagel), festes Papier
Alter: ab 5 Jahren

Mit bunten Wachsmalkreiden wird festes Zeichenpapier sehr dicht bemalt, so daß kein Papiergrund mehr durchscheint. Das bunte Wachsbild wird mit schwarzen Wachskreiden, schwarzer Tusche oder Plakafarbe übermalt. Nach dem Trocknen wird mit den Kratzwerkzeugen eine Zeichnung in die schwarze Schicht eingeritzt. Dabei werden die darunterliegenden Farben frei. Mit dieser Methode können ähnliche Ritzbilder hergestellt werden, wie sie die Menschen der Steinzeit in Steine ritzten.

Ritzen in Stein

Material: Ytong-Steine, Backsteine, Sandstein, Schiefer; zerbrochene, scharfkantige Kieselsteine; evtl. Erdfarben, Plaka- bzw. Dispersionsfarben
Alter: ab 5 Jahren

In die Oberflächen der Steine können mit scharfkantigen Kieselsteinen verschiedenste Motive eingeritzt werden. Die bevorzugten Motive in der Steinzeitkunst waren Tiere, selten auch Menschen. Die unregelmäßige Oberfläche der Natursteine kann beim Ritzen für die Formgebung genutzt werden, wie dies auch die Steinzeitmenschen taten. Die geritzen Steine können im Nachhinein nach Steinzeitart mit natürlichen Erdfarben oder mit Plaka- bzw. Dispersionsfarben koloriert werden

Hand-, Fuß-, Finger-, Nasenabdruck

Material: Finger oder Malkastenfarbe, große Bögen Papier, Packpapier oder Plakate
Alter: ab 4 Jahren

Die Hand- oder Fußflächen, Finger- oder Nasenspitzen werden mit Finger- oder Malkastenfarbe bemalt und auf einem großen Papier abgedruckt. Erst beim Abdruck kommt die Unterschiedlichkeit der Hände und Füße zum Ausdruck, und auch die vielen Linien und Fältchen, die in unserer Handfläche sind, lassen sich gut abdrukken. Die Handabdrücke der Steinzeitmenschen geben den Forschern bis heute noch viele Rätsel auf.

Hinweis: Eine solche „Druckaktion" läßt sich am besten im Freien durchführen, wenn es warm ist und Wasser in der Nähe ist.

Erfinden und Malen von Tiergeschichten

Material: Zeichenblock, Wasserfarbe, Pinsel, Bildbeispiele von Höhlenmalereien
Alter: ab 6 Jahren

Bei der Betrachtung der Tiergruppen der steinzeitlichen Höhlenmalereien fällt auf, daß häufig schwangere Tiere dargestellt worden sind. Ebenso oft treten Tiergruppen in den Bildern immer gemeinsam auf, z.B. Pferd und Bison, oder Tiere (z.B. Mammuts) scheinen sich auf ein gemeinsames Ziel hinzubewegen, das die Höhlenmaler nicht mehr dargestellt haben. Aus den vielfältigen Motiven der Höhlenmalereien lassen sich fantasievolle Erzählungen entwickeln, die zunächst in der Gruppe beschrieben und dann aufgezeichnet und aufgemalt werden. Der Fantasie der Maler sind dabei keine Grenzen gesetzt. So kann z.B. aus dem schwangeren Tier ein Tier mit seinen Jungen werden, oder Pferd und Bison treffen und unterhalten sich, oder die Mammuts, die auf ein bestimmtes Ziel hinlaufen, werden von Steinzeitjägern gejagt.

Malen von Tierbildern auf Naturstein

Material: helle Natursteine mit unebener Oberfläche, Pinsel, Wasserfarbe, Bildbeispiele von Höhlenmalereien
Alter: ab 6 Jahren

In Steinbrüchen, die für die Allgemeinheit zugelassen sind, lassen sich ideale Malgründe für diesen Zweck finden, aber durchaus auch in der Natur, im Wald und an Bachläufen.

Gestaltung der Überlagerung und Überschneidung in Tierbildern

Material: Zeichenblock, Bleistift, Wasserfarbe, Bildbeispiele von Höhlenmalereien (Gruppenkompositionen)
Alter: ab 10 Jahren

Hierbei geht es darum, Tiere in Bewegung frei zu gestalten oder das interessante Phänomen der Überschneidung und Überlagerung von Tieren gestalterisch umzusetzen. Dabei sind Bildbeispiele von Tiergruppen mit mehreren Tieren (z. B. der erste Stier aus der Höhle von Lascaux in Kombination mit dem roten Pferd und den braunen Pferden, vgl. S. 86/87) hilfreich.
Nach einer genauen Betrachtung eines solchen Bildes können die Tiere in der eigenen Gestaltung ähnlich überlagert angeordnet werden. Dabei ist es möglich, Tiere aus der Steinzeit darzustellen, im gleichen Verfahren ist es aber auch denkbar, andere Tiere darzustellen. Besonders zu beachten sind die Größenunterschiede der darzustellenden Tiere sowie die Möglichkeit, nur Ausschnitte (z.B. des Kopfes) in die neue Komposition einzubeziehen. In der Gestaltungsphase sollen möglichst keine Abbildungen von Gruppenkompositionen als Vorlage dienen, sondern wenn überhaupt, dann Einzeldarstellungen, um die Fantasie der Maler nicht einzuschränken.

Zur Einführung in die Aufgabenstellung eignet sich die Betrachtung von einigen Höhlenmalereien, an denen besonders deutlich wird, wie die Maler die unebene Fläche in ihre Gestaltung miteinbezogen haben (z.B. die Stiere von Lascaux, Pferde von Pech Merle). Zu Beginn der eigenen Gestaltung muß sich jeder seinen Stein genau ansehen und auf mögliche Vertiefungen und Erhebungen befühlen. Mit etwas Fantasie lassen sich bereits mögliche Motive erahnen (z.B. Vertiefungen für die Augen oder ein geöffnetes Maul, Erhebungen für einen besonders dicken Körper). Auf diese Weise lassen sich Tiere aus der Steinzeit gestalten, aber auch Fantasietiere abhängig vom Alter und den Wünschen der Natursteinmaler.
Die Wasserfarbe sollte nicht zu dünnflüssig angerührt und mit Pinseln verschiedener Stärke aufgetragen werden.

KÖRPERBEMALUNG UND GESANG – EIN STEINZEITFEST

Die Menschen in der Steinzeit kümmerten sich nicht nur um die Jagd von Tieren und das Sammeln pflanzlicher Nahrung. Sie liebten gutes Essen und die Kunst, und wir können nur vermuten, daß sie auch mit Vergnügen Feste feierten. Insbesondere in einem Buch, das Kinder dazu anregen will, „Steinzeit zu spielen", darf daher ein Kapitel über das Steinzeitfest nicht fehlen. Aus eigener Erfahrung können die Autoren auch berichten, daß solche Steinzeitfeste nicht nur Kindern, sondern gerade auch Erwachsenen viel Spaß machen.

Die Feuerstelle, die wohl das Zentrum der sozialen Gruppe war, wird sicherlich Zeuge von vielen Gesprächen in der Sippe über zahlreiche Ereignisse gewesen sein, die Anlässe für Feste boten. Die erfolgreiche Jagd eines besonderen Tieres, zum Beispiel eines Mammuts, war sicherlich ein Grund für eine Feier, bei der zunächst der wohlschmeckende Braten verzehrt und danach gesungen und getanzt wurde.

Viefältige fröhliche Festanlässe sind denkbar, bei denen die Sippe ihr Gemeinschaftsleben förderte. Aber auch traurige Anlässe wie die Beerdigung eines Sippenmitglieds waren Grund für eine Feierlichkeit. Bereits die Neandertaler haben ihre Toten bestattet, und die Cro-Magnons haben die Begräbnisrituale intensiviert. Die Körper der Toten wurden so ins Grab gebettet, daß sie den Eindruck eines schlafenden Menschen machten. Sie bestatteten ihre Toten mit Grabbeigaben, z.B. mit Werkzeugen, Resten von Tieren und Blumen. Die Toten wurden mit einem Pulver aus Ockergestein symbolisch bestreut.

Wir dürfen annehmen, daß die Teilnehmer an solchen traurigen Ereignissen aber auch zu anderen, fröhlicheren Festanlässen besonders festlich gekleidet und geschmückt waren. Sie werden ihre Kleidung verziert haben und sie werden auch Schmuck wie Ketten, Amulette und Ohrringe getragen haben, wie es zahlreiche Funde nahelegen. Die Schmuckstücke wurden aus vielerlei Materialien hergestellt: Tierzähne, kleine Muscheln und Schnecken sowie Lederstücke in verschiedenen Farben waren unverzichtbare Materialien in der steinzeitlichen Schmuckwerkstatt. Ebenso fertigten sie Schmuck aus Knochenstücken an, die mit ganz feinen Feuersteinklingen graviert wurden, wobei die gravierten Ornamente meistens geometrisch angeordnet waren. Materialien wie Blumen und Federn werden ebenso eine wichtige Rolle gespielt haben, hatten aber wegen ihrer leichteren Vergänglichkeit keine Chance, bis heute erhalten zu bleiben.

Wir können davon ausgehen, daß die Musik bei einem Steinzeitfest eine wesentliche Rolle gespielt hat. Leider können wir nicht sagen, wie die Musik der Steinzeit geklungen hat und welche „Hits" besonders beliebt waren. Vermutlich spielten sie auf kleinen Flöten aus Vogelknochen mit mehreren Öffnungen. Kleine Pfeifen aus Rentierknochen eigneten sich wahrscheinlich gut für den ungeübteren Musiker. Mit Schwirrhölzern ließen sich ebenfalls interessante Klänge erzeugen. Sicherlich wird die Musik für unsere Ohren fremdartig geklungen haben. So waren die Melodien wohl noch sehr einfach (mancher würde heute sagen monoton); dafür werden sie rhythmisch interessanter gewesen sein, denn viele Gebrauchsgegenstände (und selbst der eigene Körper) dienen zur Erzeugung von Klängen, die sich rhythmisch vielfältig einsetzen lassen und die musikalische Phantasie der Steinzeitmenschen angeregt haben dürften.

Bestimmt hat die Sippe zur Musik gesungen und getanzt. Ob sich die Tänzer vorher ihre Körper bemalt haben, wie wir es von den Naturvölkern her kennen, läßt sich nicht mit Bestimmtheit sagen. Die Köperbemalung ist bei Naturvölkern eine weitverbreitete Sitte. Sie dient häufig als Schmuck aber auch als Stammesabzeichen. Auch Trauernde kennzeichnen sich durch besondere Körperbemalung. Ebenso dient die Bemalung mit weißen, gelben, roten und schwarzen Naturfarben als Schreckmittel gegen lebende oder geisterhafte Gegner. Im Tanz werden Geister dargestellt oder auch Geister verscheucht. Körperbemalung soll Zauberkraft und magische Einwirkungskraft verleihen und ist ein häufiges Ritual bei Totenfeiern und Jugendweihen bei vielen Naturvölkern.
Der Spaß an der Veränderung des menschlichen Körpers durch Farbe, aber auch das Bekenntnis zur Zugehörigkeit zu einer sozialen Gruppe können Gründe für eine Körperbemalung sein. Denkbar und wahrscheinlich ist, daß symbolische Ausdrucksmöglichkeiten und rituelle Gebräuche durch die Körperbemalung bereits in der Steinzeit ihren Ausdruck fanden.

Ein solches Fest hat der Sippe bestimmt eine Menge Freude gemacht, auch wenn wir heute nicht sagen können, wie diese Feste genau verlaufen sind. Die Sippe konnte ihre Pflichten zur Existenzsicherung für ein paar Stunden vergessen und ausgiebig in der Gemeinschaft feiern. Musik und Tanz haben sicherlich den Feiern einen ausgelassenen Charkter verliehen und alle Sippenmitglieder einbezogen. Denkbar ist auch, daß alle zu dem Gelingen des Festes beitrugen und ihren Anteil an der Vorbereitung hatten. Wahrscheinlich liefen die Vorbereitungen jedoch erheblich spontaner und ohne den uns bekannten Perfektionismus ab, den wir heute bei Festvorbereitungen häufig entwickeln, und der uns oft schon wieder den Spaß am Feiern verdirbt. Wir können nur anregen, ein solches Steinzeitfest zu feiern und dabei die Gefühle der steinzeitlichen Sippe nachzuerleben!

Hanna und Philipp feiern ein Steinzeitfest

„In 22 Tagen habe ich Geburtstag", jubelt Hanna, „dann feiere ich einen Super-Kindergeburtstag!" – „Wen willst du denn alles einladen?" fragt Hannas Mutter. „Also Anna und Kathrin auf jeden Fall, dann Ute, Lara, Peter und Freddie, ja, und Sarah und Oliver auch noch!" – „Halt stop! Willst du etwa deine ganze Kindergartengruppe einladen?" lacht Hannas Mutter. „Wie sollen denn so viele Kinder in unsere Wohnung passen?" – „Wenn das Wetter gut ist, könnte die Fete ja draußen stattfinden", schlägt Hanna vor. Und dann hat sie eine Idee: „Wir haben doch so viel über die Steinzeitmenschen gehört. Ich feiere einen Steinzeitgeburtstag! Dann verkleiden wir uns wie die Jäger und Sammler! Welche Kleidung hatten die Steinzeitmenschen denn an Festtagen an?" fragt Hanna, während sie aufgeregt im Zimmer umherläuft.

„Die Menschen in der Steinzeit konnten schon nähen, allerdings hatten sie keinen Stoff, sondern Tierfelle, die sie für Feste mit schönen Knöpfen und Muscheln verziert hatten", erklärt Hannas Mutter. „Die müssen ja ganz schön geschwitzt haben in solcher Fellkleidung", überlegt Hanna, „aber mein Geburtstag ist ja nicht mehr im Hochsommer! Und zu essen gibt es nur Steinzeitkost, z.B. Obstsalat aus gesammelten Beeren, gegrillten Braten und Feldsalat, den mag ich am liebsten!" – „Ja, das Steinzeitessen haben wir ja schon einmal ausprobiert", meint Hannas Mutter, „und eine passende Verkleidung könnten wir auch finden. Und welche Spiele willst du an deinem Steinzeitgeburtstag spielen?" – „Die Mammutjagd könnten wir auf jeden Fall spielen!"

Hanna denkt noch den ganzen Nachmittag über ihren „Steinzeit"-Geburtstag nach. Ihr fallen noch eine Menge Spiele ein, z.B. ein Murmelwettspiel mit „Steinzeitmurmeln", ein gemeinsames Höhlenbild will sie mit ihren Freunden malen und es soll ganz viel gesungen und getanzt werden. „Haben die Steinzeitmenschen auch Musikinstrumente gespielt?" fragt Hanna abends ihren Vater. „Ganz genau wissen wir nicht, wie die Menschen in der Steinzeit musiziert haben", antwortet er, „sie hatten Schwirrhölzer, die – in der Luft geschwungen – ein surrendes Geräusch ergaben. Wahrscheinlich hatten sie auch Flöten und Trommeln. Und zum gemeinsamen Tanz haben sich die Steinzeitmenschen vermutlich vorher ihre Körper und Gesichter bemalt." – „So, wie die Indianer ihre Gesichter bemalt haben?" fragt Hanna. „Genau wissen wir das nicht. Wahrscheinlich nahmen sie Naturfarben aus Tierfetten und Erdpigmenten. Dann bemalten sie sich mit verschiedenen Farben und Mustern." – „Au ja", freut sich Hanna, „das probieren wir an meinem Geburtstag auch aus."

Körperbemalung mit Erdfarben

Material: Erdfarben (vgl. Seite 93), Wasser, Pinsel
Alter: ab 4 Jahren

Mit Farben, die aus geriebener Erde und Wasser zu einem dicken Brei verrührt werden, läßt sich auch der Körper bemalen. Mit Punkten, Strichen und anderen Ornamenten kann dem Gesicht aber auch dem Oberkörper und den Armen ein ganz individueller Ausdruck verliehen werden. Die Erdfarben können aus verschiedenfarbiger Erde hergestellt werden, so daß sich auch jeder bunt bemalen kann.

Körperbemalung mit Schminke

Material: Theaterschminke, Karnevals-Schminkstifte, Reste von Kosmetika
Alter: ab 4 Jahren

Die Körperbemalung mit den oben beschriebenen Erdfarben ist keine sehr haltbare Möglichkeit. Wenn die Farben getrocknet sind besteht bei starker Bewegung die Gefahr, daß sie schnell wieder abbröckeln. Eine beständigere Bemalung läßt sich mit Schminke erreichen. Besonders mit Theaterschminke können sehr interessante, großflächige Bemalungen des ganzen Körpers erreicht werden. Allerdings ist das Abschminken auch erheblich mühsamer!

Herstellung einer Festkleidung

Material: „Steinzeitanorak" (vgl. S. 48), Stoffmalfarbe, Pinsel, Naturmaterialien (z.B. Federn, Blumen, kleine leere Schnekkenhäuser, Nadel, Faden, Klebstoff
Alter: ab 4 Jahren

Ist der „Steinzeitanorak" hergestellt und soll nun besonders festlich geschmückt werden, so ist der Phantasie keine Grenze gesetzt. Der Anorak kann bemalt werden, dabei ist allerdings darauf zu achten, daß die Farben nicht zu „modern" gewählt werden. Es ist nicht anzunehmen, daß die Steinzeitmenschen bereits eine Vorliebe für pink und lila hatten. Weiterhin kann ein solcher Anorak oben an der Schulterpasse mit Naturmaterialien verziert werden, die entweder aufgenäht oder mit Klebstoff aufgeklebt werden können.

Amulett

Material: Lederband, flacher Knochen (Suppenknochen), Schmirgelpapier, spitzes Messer, ersatzweise Modelliermasse, Bohrer
Alter: ab 6 Jahren

Ein schönes Amulett, mit dem sich die Menschen in der Steinzeit geschmückt haben, läßt sich gut selber machen.
Ein flacher Knochen, der in Waschmittellauge gekocht und durch Einlegen in Benzin entfettet wurde, wird mit Schmirgelpapier an den Seiten zu einer runden oder ovalen Scheibe geschmirgelt. Mit einem spitzen Messer lassen sich vielfältige Ornamente einritzen, so daß jedem Schmuckstück eine individuelle Note verliehen werden kann. Um das Lederband am Amulett zu befestigen, ist es erforderlich, oben ein kleines Loch durch die Knochenscheibe zu bohren. Steht kein geeignetes Tierknochenmaterial zur Verfügung, ist es auch möglich, ersatzweise aus Modelliermasse Amulettanhänger zu formen und zu gravieren. Die Modelliermasse muß ca. einen Tag trocknen, bevor sie farbig gestaltet und am Lederband angebracht werden kann.

Ohrringe

Material: flacher Knochen (Suppenknochen), Schmirgelpapier, spitzes Messer, Bohrer, feiner Silberdraht, ersatzweise Modelliermasse
Alter: ab 6 Jahren

In der oben beschriebenen Weise können ebenfalls Ohrringe hergestellt werden. Um den Ohrhänger am Ohr zu befestigen muß aus Silberdraht eine Schlaufe gebogen werden, die am Ohrhänger gut befestigt wird und sich durch das Ohrloch schieben läßt. Es ist zu beachten, daß die Ohrhänger nicht zu schwer und zu groß sind, damit sie am Ohr befestigt werden können und keine Schmerzen bereiten.

Kette

Material: Lederband oder Schnur, Naturmaterialien (z.B. Federn, kleine Lederstücke, Muscheln), Bohrer, Klebstoff, Schere
Alter: ab 4 Jahren

Eine Kette läßt sich aus vielfältigen Materialien herstellen. Recht einfach ist es, wenn Lederstücke möglichst verschiedenfarbig in verschiedenen Formen ausgeschnitten und mit einem Loch versehen auf das Lederband aufgereiht werden. Ebenso ist es möglich, Federn, deren Kiel vorher durchbohrt wurde, dazwischen zu reihen. Geeignete Kettenanhänger sind auch Muscheln. Sie sind allerdings recht schwierig und mit viel Geduld zu durchbohren.

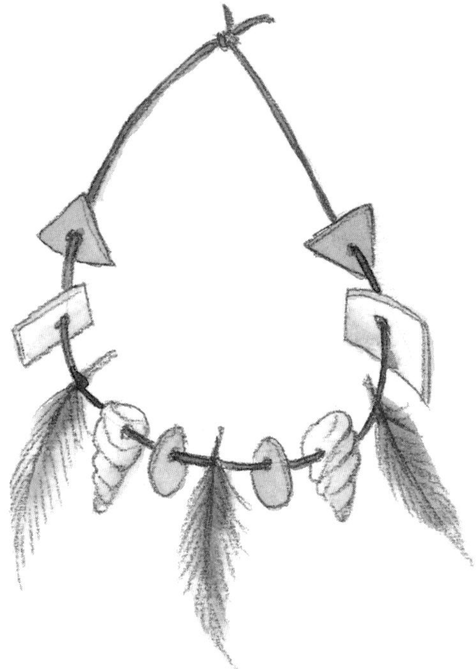

Stockbrot

Material: Aststangen von ungefähr 1,50 m Länge, Alufolie, Lagerfeuer; für den Teig: auf 500 g Mehl, ein Eßlöffel Salz, zwei Eßlöffel Hirse, zwei Eßlöffel Leinsamen, ein Würfel Hefe, vier Eßlöffel Öl, eine Tasse Milch, etwas Zucker, Wasser
Alter: ab 4 Jahren

Als kulinarischer Beitrag zu einem gelungenen Steinzeitfest eignet sich Stockbrot. Es macht viel Freude, Stockbrot gemeinsam am Lagerfeuer zu backen. Dabei können lustige Geschichten erzählt, Lieder gesungen und Vorstellungen ausgetauscht werden, ob die Sippenmitglieder in der Steinzeit so oder ähnlich ihr Brot am Stock geröstet haben.
Bevor es soweit ist, müssen jedoch einige Vorbereitungen getroffen werden. Zuerst muß der Teig vorbereitet werden. In einer großen Schüssel werden Mehl, Salz, Hirse und Leinsamen gut vermengt. In der Mitte dieser Masse wird ein Würfel Hefe in kleinen Stückchen verteilt und dann Milch, Zucker und Öl dazu gegeben. Dann wird soviel warmes Wasser langsam hinzugefügt und gut verrührt, bis das ganze einen gut knetbaren Teig ergibt. Mit einem Handtuch abgedeckt muß der Teig dann mehrere Stunden langsam gehen. Ist er zu trokken geworden, kann noch eine kleine Menge warmes Wasser hinzugegeben werden, dann ist der Teig fertig!
Inzwischen können schon Aststangen gesammelt und das Lagerfeuer vorbereitet werden. Der Teig wird oben an der mit Alufolie umwickelten Aststange festgeknetet. Dann kann der Stock über das bereits entfachte und gut brennende Lagerfeuer gehalten werden. Am schonendsten wird das Stockbrot gebacken, wenn es nicht über der offenen Flamme, sondern über der Glut geröstet wird. Nach 15 bis 20 Minuten kann das Stockbrot gekostet werden. Guten Appetit!

Steinzeitbeerensaft

Material: verschiedene Beerensorten, Quirl, Sieb
Alter: ab 4 Jahren

Einen leckeren Saft aus Waldbeeren haben die Menschen in der Steinzeit wahrscheinlich auch gekannt. So darf er bei einem Steinzeitfest natürlich nicht fehlen. Zunächst müssen Waldbeeren oder Strauchbeeren (z.B. Johannisbeeren, Himbeeren, Brombeeren) gesammelt werden. Um genügend Saft zu bekommen, wird eine ganze Menge Beeren benötigt. Die Beeren werden dann gründlich gewaschen und mit einem Quirl durch ein Sieb gepreßt. Dabei entsteht der leckere Saft. Prost!

Ein Steinzeit-Hit

Selbstverständlich sollte auf einem Steinzeitfest gesungen werden. Deshalb liefern wir hier einen Steinzeit-„Hit", der anläßlich einer Mammutjagd gesungen werden kann.

Wir hab'n gejagt ein großes Tier.

Wir hab'n gejagt ein großes Tier und deswegen feiern wir.
Ein großes Fest für uns ist heute, ja, da freu'n sich alle Leute.
Denn das Mammut ist besiegt, schaut, wie es in der Falle liegt.

Wir hatten nichts zu essen mehr, da kam grad das Mammut her.
Und alle Männer, alle Frauen halfen eine Falle bauen.
Und das Mammut fiel hinein und konnte sich nicht mehr befrei'n.

Ein Steinzeitfest ist nun im Gang, wir feiern unsern großen Fang.
Wir singen und wir tanzen jetzt, dann wird sich an den Tisch gesetzt.
Denn zum Fest gehört es auch, daß wir uns schlagen voll den Bauch.

Text und Musik: Franz Jürgen Baumann, 1995

Zu diesem einfachen Lied ist eine einfache, rhythmische Begleitung möglich, wie sie sicherlich auch schon in der Steinzeit gespielt wurde. Wenn eine Trommel zur Hand ist, kann sie für die ostinate Begleitung verwendet werden, ansonsten kann auch in die Hände geklatscht werden. Die hohe „Stimme" des Klangholzes könnte ebenso durch eine Glocke oder einen anderen Gegenstand, der angeschlagen hoch klingt, ersetzt werden.

PROJEKTVORSCHLÄGE

Steinzeit-Kindergeburtstag

So ein Kindergeburtstag sollte möglichst im Freien stattfinden, trotzdem sind hier Spielideen vorgeschlagen worden, die auch in der Wohnung eine „steinzeitliche" Geburtstagsfeier möglich machen.

Steinzeitliche Einladungskarte zum Kindergeburtstag

Material: Natursteine in der Größe von mindestens 10 x 10 cm, Pinsel, Wasserfarbe, Bildbeispiele von Höhlenmalereien

Jeder, der eingeladen wird, soll eine „Stein-Einladung" bekommen. Die Natursteine können auf einer Seite wie auf S. 96 beschrieben bemalt werden. Auf die Rückseite werden kleine Briefe mit dem Einladungstext geklebt.

Steinzeitliche Geburtstagsspiele

Um richtig in Stimmung zu kommen, kann die Körperbemalung mit Erdfarben und mit Schminke (vgl. S. 103) ausprobiert werden. Der Bau einer Trommel (vgl. S. 83) ist einfach, und damit läßt sich gut hinterher Musik machen. Dabei kann der „Steinzeit-Hit" (vgl. S. 107) gesungen werden. Die Spiele „Bärenhöhle" (vgl. S. 84), „Nüsse-Sammeln" (vgl. S. 85) aber auch die „Höhlenbärenjagd" (vgl. S. 59), „Versteinert" (vgl. S. 22) und die „Mammutjagd" (vgl. S. 21) sind prima Geburtstagsspiele. Als Andenken an so einen „Steinzeit-Kindergeburtstag" eignet sich eine Kette, die jeder Geburtstagsgast noch selbst basteln kann (vgl. S. 105).

Und diese kulinarischen Genüsse machen so einen „Steinzeit-Kindergeburtstag" unvergeßlich! Steinzeitbeerensaft (vgl. S. 106), Waldbeerensalat, gegrillte Bananen, Nüsse und Mandeln auf Honig und weiteres von der Steinzeit-Menue-Karte (vgl. S. 74) und natürlich zum Abschluß die „Steinzeit-Grillfete" (vgl. S. 75).

Steinzeitwochenende

Als Behausungen für so ein „Steinzeitwochenende" eignen sich das beschriebene „Zeltdach" (vgl. S. 38), das große Zelt (vgl. S. 39) sowie die Steinzeithütte (vgl. S. 39). Vor dieser Siedlung muß natürlich eine Feuerstelle angelegt werden (vgl. S. 37) und so kann dann auch richtig ausprobiert werden, wie in der Steinzeit Feuer gemacht wurde (vgl. S. 37). Aber nur Wochenendteilnehmer mit viel Geduld sollten an diese Aufgabe gesetzt werden.
Für die anderen gibt es weiterhin noch vielfältige Beschäftigungsmöglichkeiten. Ist erst eine Nadel hergestellt (vgl. S. 47), so kann jeder seine Steinzeitkleidung selbst nähen (vgl. S. 47 ff). Die jagdinteressierten Teilnehmer können sich am Bau einer Harpune (vgl. S. 63) oder einer Jagdlanze (vgl. S. 57) versuchen. Wichtig für das tägliche Leben in so einem Steinzeitwochenend-Camp sind sicher auch Faustkeile (vgl. S. 53) und die Herstellung von Lampen (vgl. S. 53), wenn es abends dunkel wird.

Damit die Muße und das Spiel an solch einem Wochenende nicht zu kurz kommen, können Spiele vorbereitet werden. Hier bietet sich zum Beispiel das Spurensuchspiel (vgl. S. 59), das Steinzeit-Petanque (vgl. S. 85) und das Spielen mit Steinzeitmurmeln (vgl. S. 82) an. Musisch interessierte Teilnehmer sollten sich eine Flöte oder ein Schwirrholz bauen (vgl. S. 82). Mit selbstgebauten Trommeln (vgl. S. 83) läßt sich die Begleitung zum Steinzeithit (vgl. S. 107) einstudieren. Das macht bestimmt eine Menge Spaß! Die Bemalung von Natursteinen (vgl. S. 96) ist sicherlich auch eine schöne Anregung für Teilnehmer eines solchen Wochenendes.

Gerade weil so ein Wochenende im Freien stattfindet und warme Sommerabende dafür besonders geeignet sind, kann abends ein richtiges „Steinzeitfest" (vgl. S. 103 ff) gestaltet werden. Das gemeinsame Grillen (vgl. Steinzeitgrillfete auf S. 75) ist eine leckere und lustige Sache für ein solches Steinzeitfest; für den zweiten Abend schlagen wir die Zubereitung einer Lammkeule im „Steinzeit-Backofen" (vgl. S. 73 f) vor. Guten Appetit!

Steinzeit als Thema einer Projektwoche in der Schule

Projektorientiertes Arbeiten in verschiedenen Erscheinungsformen ist an Schulen immer häufiger anzutreffen. Eine häufige Variante ist die zumeist jährlich stattfindende „Projektwoche", in der die Schüler ein Projekt wählen können, bei dem sie einige Tage „projektorientiert" mitarbeiten. Sogenannte Projektwochen in Schulen gibt es zu den vielfältigsten Themen: Wir untersuchen unsere Stadtgeschichte, wir bemalen unser Klassenzimmer, wir beschäftigen uns mit gesunder Ernährung, wir planen einen Biologiegarten usw. Sicherlich wäre auch das Projektangebot „Wie steinzeitlich war die Steinzeit?" ein reizvolles Thema für eine Projektwoche. Bevor konkrete Vorschläge für eine solche Projektwoche erläutert werden, gilt es zunächst einmal zu klären, worauf es im Projektunterricht ankommt und welchen Sinn projektorientiertes Arbeiten für die Schüler hat.

Mittlerweile ist das projektorientierte Arbeiten in allen gültigen Richtlinien für die Schule eindeutig gefordert. Im Projektunterricht sollen die Schüler die Ziele und Inhalte weitgehend selbst bestimmen, fächerübergreifend lernen und ein Projektthema entdeckend, handelnd und herstellend bearbeiten. Die Projektergebnisse sind als vorweisbares Werk am Ende des Projektes vorzustellen. Die Projekte sollen durch die Interessen und Bedürfnisse der Lernenden mitbestimmt werden. Diese Voraussetzung erhöht die Motivation der Projektgruppe, Interessen zu artikulieren und an einem Thema intensiv und produktorientiert zu arbeiten.

Zum Beispiel könnte die Bemalung eines Klassenzimmers auf Wunsch der Schüler ein mögliches Projekt sein, bei dem sich Schüler und Lehrer gemeinsam auf das Produkt „Wandbild" einigen. Dieses Projektthema spricht die Alltagsrealität der Schüler an, denn schließlich hinterläßt die Verschönerung des Klassenzimmers ein bleibendes Produkt für alle Schüler der Klasse. Die Mitplanung und Konzeption eines solchen Projektes sollte gemeinsam vollzogen werden, das heißt, die Projektgruppe muß Meinungen und Einstellungen sammeln und ein gemeinsames Konzept entwickeln. Die Durchführung eines solchen Projektes wirft im Vorhinein vielfältige Fragestellungen auf, in die die Schüler miteinbezogen werden müssen. Bleiben wir bei dem Beispiel der Bemalung des Klassenzimmers, dann müssen Vorschläge gesammelt werden, die Farbmenge berechnet werden, über Sponsoren nachgedacht werden, die Farbe stiften, eventuelle Helfer (Eltern, Fachlehrer, Experten) angesprochen werden und unterschiedliche Fertigkeiten in der Gruppe erkannt werden, um eine erfolgreiche Durchführung zu realisieren. Die Lehrer sollten im Projektunterricht von ihrer traditionellen Rolle als Planende abweichen und die Schüler selbständig Planungen entwickeln lassen, bei denen sie unterstützend und organisierend zur Seite stehen.

Sind nun alle notwendigen Planungen für das Projekt vollzogen, führt die Projektgruppe die Aktion durch, bei der ihr geplantes Produkt entsteht. Um eine Dokumentation der Projektarbeit zu erstellen, bei der die Ergebnisse der Arbeit Schülern, Lehrern, Eltern und der Presse vorgestellt werden, sollten in dieser Phase Planungsskizzen gesammelt und einzelne Entstehungsschritte fotografisch festgehalten werden. Die Dokumentation eines Projektes gibt der Projektgruppe auch Anstöße für eine Weiterarbeit und für mögliche Alternativen. Oft vergessen wird eine wichtige, abschließende Phase: die Reflexion über die Projektwoche, bei der alle an der Arbeit Beteiligten über den Verlauf und das Ergebnis des Projektes diskutieren und sich fragen, wie die Zusammenarbeit geklappt hat, welche Fehler gemacht wurden, wie die Resonanz bei der Dokumentation des Projektes bei anderen war, und ob eine weitere Zusammenarbeit möglich ist.

Während das oben erwähnte Projekt „Bemalung des Klassenzimmers" ein mögliches Projekt für den Klassenverband ist, ist es im allgemeinen üblich, während einer Projektwoche die Klassenverbände aufzulösen und Projektgruppen zu bilden, denen sich die Schüler ihren Interessen gemäß anschließen. Meistens wird eine sogenannte Projektwahl vor Beginn der Projektwoche durchgeführt.

Im Projektunterricht sollen die Schüler mit all ihren Sinnen praktisch lernen und in ihrer Selbständigkeit gefördert werden. Projektunterricht ist nicht nur in der oben beschriebenen Weise als Projektwoche denkbar, sondern auch als projektorientierter Unterricht im ganz normalen Schulalltag. Gerade in der Grundschule findet ein solcher fächerübergreifender, projektorientierter Unterricht häufig statt. Auch wenn ein solcher Unterricht für den Lehrer oft viele Vorbereitungen bedeutet, sind die Schüler in der Regel motivierter und interessierter am Unterrichtsgeschehen beteiligt.

Die aufgeführten Spielideen zum Thema „Steinzeit" ergeben vielfältige Möglichkeiten zur Gestaltung von Projekttagen und Projektwochen sowie für die Umsetzung im projektorientierten Unterricht. Im folgenden soll eine mögliche Projektwoche zum Thema „Steinzeit" beschrieben werden, die als Anregung für den Schulunterricht sowie für die Gestaltung von Ferienfreizeiten dienen soll.
Für die erfolgreiche Durchführung eines solchen „Steinzeitprojektes" wird vorausgesetzt, daß die Beteiligten das Thema so interessant finden, daß sie sich intensiver damit beschäftigen wollen. Das Thema „Wie steinzeitlich war die Steinzeit?" beinhaltet nicht nur, daß die Beteiligten durch die Mitarbeit in der Projektwoche ausführliche Informationen über das Leben in der Steinzeit erhalten, sondern bietet auch Anlaß für eine kritische Auseinandersetzung mit der üblichen Einschätzung der Steinzeit und den Vorteilen des heuti-

gen zivilisierten Lebens. Den Beteiligten kann dabei deutlich werden, daß Jäger- und Sammlergesellschaften keineswegs als „primitiv" einzuordnen sind, sondern durchaus auch ihre technischen und gesellschaftlichen Errungenschaften haben.

Die vorgeschlagene Projektwoche gliedert sich in sechs Tage, wovon der erste, sofern die Möglichkeit besteht, für den Besuch einer nahegelegenen Museumsausstellung zum Thema „Steinzeit" verwendet werden sollte. Der zweite bis vierte Projekttag kann variabel für die Lösung der Forschungsaufgaben für unterschiedliche Themenbereiche gestaltet werden. Der fünfte Projekttag sollte allen Projektteilnehmern die Gelegenheit zur Information über die unterschiedlichen Gruppenergebnisse geben und dient zur Vorbereitung der Dokumentation, für die der sechste Tag vorgesehen ist.

Projektwoche „Wie steinzeitlich war die Steinzeit?"

1. Tag:
Besuch einer archäologischen Ausstellung in einem Museum zum Thema „Steinzeit". Die Projektgruppe kann dort einiges über das Leben der Steinzeitmenschen erfahren und wird motivierend zum Thema hingeführt.

2.- 4. Tag:
Die Projektteilnehmer wählen aus folgenden Themenbereichen einen Unterbereich aus, mit dem sie sich intensiver beschäftigen möchten:
- Wohnen in der Steinzeit
- Die Jagd in der Steinzeit
- Das tägliche Leben in der Steinzeit
- Die Kunst in der Steinzeit

Nachdem sich die Gruppen gebildet haben, erhält jede Gruppe eine Materialzusammenstellung zu ihrem gewünschten Thema. Die Projektgruppe sollte sich zunächst über ihr Thema gründlich informieren. Die Projektleitung sollte diese Texte mit Arbeitsaufgaben versehen, die eine interessante Lesehilfe bieten und in der abschließenden Dokumentation über den Themenbereich Aufschluß über die Arbeit der Gruppe geben. Die Texte sollten zuerst gelesen werden und die dazugehörigen Arbeitsaufgaben gelöst werden.
Dann erhält jede Projektgruppe noch weitere Forschungsaufgaben, deren Reihenfolge sie selbst bestimmen kann. Für diese Aufgaben ist die Organisation der Materialbeschaffung der Gruppe überlassen, während die Projektleitung die Texte und die Arbeitsaufgaben zur Verfügung stellt. Die Bauanleitungen können aus diesem Buch übernommen werden. Die Projektteilnehmer entscheiden dann, mit welchen Aufgaben sie beginnen möchten und planen ihre Vorgehensweise für die Gruppenarbeit. Der Projektleiter steht beratend zur Seite.

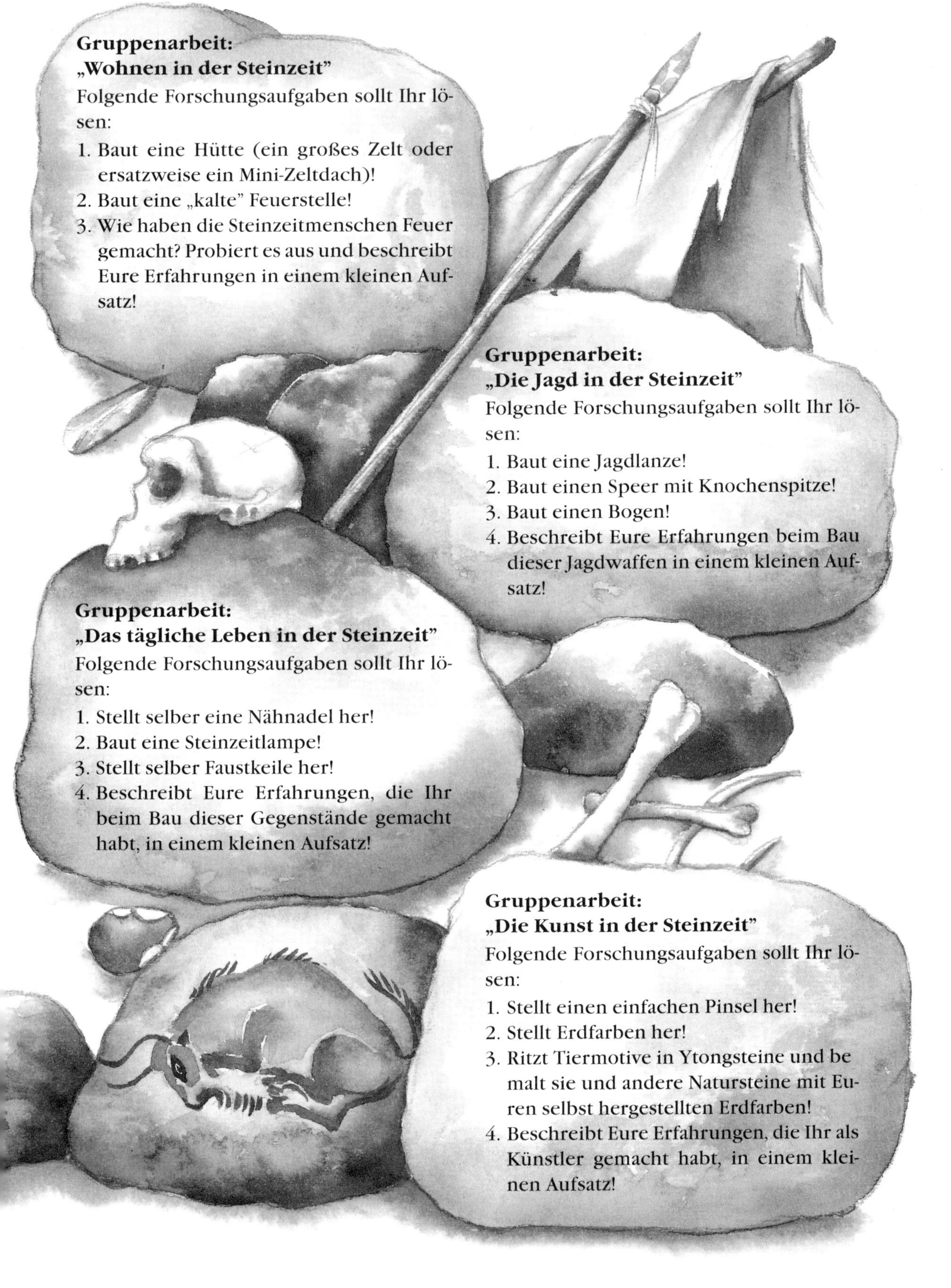

Gruppenarbeit:
„Wohnen in der Steinzeit"

Folgende Forschungsaufgaben sollt Ihr lösen:

1. Baut eine Hütte (ein großes Zelt oder ersatzweise ein Mini-Zeltdach)!
2. Baut eine „kalte" Feuerstelle!
3. Wie haben die Steinzeitmenschen Feuer gemacht? Probiert es aus und beschreibt Eure Erfahrungen in einem kleinen Aufsatz!

Gruppenarbeit:
„Die Jagd in der Steinzeit"

Folgende Forschungsaufgaben sollt Ihr lösen:

1. Baut eine Jagdlanze!
2. Baut einen Speer mit Knochenspitze!
3. Baut einen Bogen!
4. Beschreibt Eure Erfahrungen beim Bau dieser Jagdwaffen in einem kleinen Aufsatz!

Gruppenarbeit:
„Das tägliche Leben in der Steinzeit"

Folgende Forschungsaufgaben sollt Ihr lösen:

1. Stellt selber eine Nähnadel her!
2. Baut eine Steinzeitlampe!
3. Stellt selber Faustkeile her!
4. Beschreibt Eure Erfahrungen, die Ihr beim Bau dieser Gegenstände gemacht habt, in einem kleinen Aufsatz!

Gruppenarbeit:
„Die Kunst in der Steinzeit"

Folgende Forschungsaufgaben sollt Ihr lösen:

1. Stellt einen einfachen Pinsel her!
2. Stellt Erdfarben her!
3. Ritzt Tiermotive in Ytongsteine und bemalt sie und andere Natursteine mit Euren selbst hergestellten Erdfarben!
4. Beschreibt Eure Erfahrungen, die Ihr als Künstler gemacht habt, in einem kleinen Aufsatz!

5. Tag:
Auswertung der Gruppenarbeitsergebnisse und Vorbereitung der Dokumentation. Die gelösten Forschungsaufgaben sowie die „Erfahrungsberichte" und Fotos vom Museumsbesuch dokumentieren die Projektarbeit.

6. Tag:
Dokumentation der Projektarbeit vor anderen. Reflexion über den Verlauf der Projektwoche und über die Ausgangsfragestellung „Wie steinzeitlich war die Steinzeit?".

Steinzeit als längerfristiges Thema im Kindergarten

Projekte im Kindergarten orientieren sich an der Interessenlage der Kinder. Das Thema „Steinzeit" ist sicherlich auch für Kinder im Vorschulalter spannend; bei einigen Vier- bis Sechsjährigen bestehen bereits Vorstellungen vom Urmenschen und von dessen Lebenswirklichkeit, die zum Teil aus Bilderbüchern aber auch aus manchen Zeichentrickfilmen - oft verzerrt dargestellt - stammen. Diese Interessen bieten den Erziehern geeignete Möglichkeiten, Anreize zum Thema „Steinzeit" zu schaffen und spielerisch im Projekt die Erfahrungen der Kinder mit diesem Bereich zu erweitern.

Da die zeitliche Einordnung der Steinzeit für Kinder im Vorschulalter nicht möglich ist, soll es in diesem Projekt vor allem um die Lebensweise der Jäger und Sammler gehen. Kinder im Vorschulalter begegnen diesem Thema wahrscheinlich mit Neugierde und Spannung, wenn sie an einem Anschauungsobjekt (zum Beispiel einem Faustkeil, Pfeil und Bogen oder einem Schädel beziehungsweise einer geeigneten Abbildung davon) zunächst ihre ersten Eindrücke darstellen und von ihren persönlichen Vorerfahrungen berichten.
Die Lebensnähe des Themas „Steinzeit" kann über vergleichende Fragestellungen wie z.B. „Was haben die Jäger und Sammler denn gegessen?", „Hatten die Jäger und Sammler Kleidung wie wir?" erreicht werden, sowie über die Geschwister Hanna und Philipp, deren Fragen zur Steinzeit begleitend zu allen Themenbereichen in kleinen Geschichten als Einführung dienen können. Die Geschichten können je nach Alter und Zusammensetzung der Kindergartengruppe vereinfacht und umgewandelt werden und sollen im Gespräch mit den Kindern phantasieanregend wirken, aber auch Bezüge zur heutigen Lebenswelt der Kinder offenlegen.

Die Spielideen können fast alle Grundlage für ein Projekt im Kindergarten bilden. Besonders eignen sich die Vorschläge zum Thema „Mammut", aber auch zum Thema

„Kinder in der Steinzeit". Innerhalb eines längerfristigen Projektes „Steinzeit" im Kindergarten kann eine Steinzeitlandschaft nachkonstruiert werden. Für ein solches Projekt im Kindergarten eignet sich die Spielidee auf S. 22, bei der der Bau einer Sommer- oder Winterlandschaft vorgeschlagen wird. Die Landschaft wird zunächst aus Karton gebaut und farbig gestaltet.
Besonders jüngere Kinder können die Landschaft mit Naturmaterialien versehen. Vor Beginn des Baus ist es möglich, den Kindern eine Rekonstruktion eines Steinzeitlagers zu zeigen und über das Wohnen in einem solchen Lager zu sprechen. Ein Steinzeit-Winter- bzw. Sommerlager (vgl. S. 40/41) verdeutlicht den Kindern, wie die Behausungen beschaffen waren. Bei dem Bau dieses Steinzeit-Winter- bzw. Sommerlagers soll soviel wie möglich von den Kindern selbst gestaltet werden. Dabei kann über den Sinn einer Feuerstelle gesprochen und das heutige Leben der Kinder mit dem Leben der Jäger und Sammler verglichen werden. Aus Ton oder Modelliermasse lassen sich einfach Tierfiguren (Mammuts, Rentiere, Pferde) und Menschenfiguren (Jäger und Sammlerinnen, Kinder) gestalten (vgl. S. 83). Die Spielideen der Kinder können im Spiel mit diesen Figuren gut umgesetzt werden und auch jüngere Kinder können in dieses Spiel gut integriert werden.

Es bietet sich an, zusätzliche Anreize zum Thema „Steinzeit" zu schaffen. Eine Möglichkeit stellen die Ausführungen zum „Steinzeitfest" (vgl. S. 103) dar. Es wird bestimmt lustig, wenn Kinder, Eltern und Erzieher ein solches Fest gemeinsam feiern. Um die Angebote an einem solchen Tag noch zu erweitern, sei an dieser Stelle noch einmal auf die altersgemäßen Spielideen zum Thema „Steinzeitkunst" (vgl. S. 92 ff) aber auch zum Thema „Kinder in der Steinzeit" (vgl. S. 80 ff) verwiesen. Eine steinzeitliche Grillfete (vgl. S. 75) oder ein festliches „Steinzeitmenue" (vgl. S. 74) bildet einen schönen Abschluß eines solchen Festes.

MUSEEN MIT AUSSTELLUNGEN ZUM THEMA

Aufgeführt sind hier die nach Meinung der Autoren wichtigsten Museen mit Ausstellungen zur Steinzeit. Solch eine Liste kann natürlich keinen Anspruch auf Vollständigkeit erheben. Erfahrungsgemäß sind auch in vielen kleinen Kreis- und Heimatmuseen Ausstellungen zur Steinzeit zu finden, die interessante Anregungen geben können.

Baden-Württemberg

Blaubeuren, Urgeschichtliches Museum,
Karlstraße 21, 89143 Blaubeuren

Stuttgart, Württembergisches Landesmuseum,
Schillerplatz 6, 70173 Stuttgart

Bayern

Bad Windsheim, Vorgeschichtliches Museum,
Martin-Luther-Platz 2, 91438 Bad Windsheim

Donauwörth, Archäologisches Museum,
Reichsstraße 34, 86609 Donauwörth

Eichstätt, Museum für Ur- und Frühgeschichte,
Willibaldsburg, 85072 Eichstätt

München, Prähistorische Staatssammlung/Museum für Vor- und Frühgeschichte,
Lerchenfeldstraße 2, 80538 München

Siegsdorf, „Das Mammutheum", Steinzeitpark,
Dr. Liegl Straße 35, 88313 Siegsdorf

Berlin

Berlin, Museum für Vor- und Frühgeschichte,
Schloß Charlottenburg, 14059 Berlin

Hamburg

Hamburg, Hamburger Museum für Archäologie und die Geschichte Harburgs
Helms-Museum, Museumsplatz 2, 21073 Hamburg

Hessen

Kassel, Hessisches Landesmuseum,
Brüder-Grimm-Platz 5, 34117 Kassel

Niedersachsen

Hannover, Niedersächsisches Landesmuseum – Vor- und Frühgeschichtsabteilung -, Am Maschpark 5, 30169 Hannover

Oldenburg, Staatliches Museum für Naturkunde und Vorgeschichte, Damm 40-44, 26135 Oldenburg

Wolfenbüttel, Braunschweigisches Landesmuseum Abteilung Archäologie, Kanzleistraße 3, 38300 Wolfenbüttel

Nordrhein-Westfalen

Balve, Prähistorisches Museum, Brucknerweg, 58802 Balve

Bottrop, Museum für Ur- und Ortsgeschichte, Im Stadtgarten 20, 46236 Bottrop

Erkrath, Neandertalmuseum, Thekhauser Quall 2, 40699 Erkrath

Herne, Emschertal-Museum, Karl-Brandt-Weg 7, 44629 Herne

Münster, Westfälisches Museum für Archäologie, Rothenburg 30, 48143 Münster

Münster, Westfälisches Museum für Naturkunde, Sentruper Straße 285, 48161 Münster

Oerlinghausen, Archäologisches Freilichtmuseum, Triftweg, 33813 Oerlinghausen

Rheinland-Pfalz

Neuwied, Museum für die Archäologie des Eiszeitalters; Schloß Monrepos, 56567 Neuwied

Trier, Rheinisches Landesmuseum, Weimarer Allee 1, 54290 Trier

Sachsen-Anhalt

Halle/Saale, Landesmuseum für Vorgeschichte, Richard-Wagner-Straße 9-10, 06114 Halle

Schleswig-Holstein

Schleswig, Archäologisches Landesmuseum, Schloß Gottorf, 24837 Schleswig

Thüringen

Weimar, Museum für Ur- und Ortsgeschichte Thüringens, Humboldtstraße 11, 99423 Weimar

WICHTIGE FUNDPLÄTZE IN DEUTSCHLAND

Einige bedeutsame Funde von Hinterlassenschaften der altsteinzeitlichen Jäger und Sammler sind in Deutschland gemacht worden. Zwar ist an den meisten Fundstellen heute nichts mehr zu sehen, da die Fundstücke zum größten Teil in die wissenschaftlichen Sammlungen der Museen verbracht worden sind. Da es sich jedoch um Fundstellen handelt, die auch in der Literatur immer wieder erwähnt werden, erscheint es sinnvoll, in diesem Zusammenhang darauf einzugehen. Außerdem lassen sich so eventuell ortsgeschichtliche Bezüge zum Thema Steinzeit herstellen, die gerade für Kinder und Jugendliche eine nicht zu unterschätzende Bedeutung haben. Aufgeführt sind auch hier nur einige besonders bedeutsame Fundstellen; eine nur annähernd vollständige Liste würde den Rahmen dieses Buches sprengen.

☆ **Balver Höhle** bei Balve
(Märkischer Kreis) am Oberlauf der
Hönne (Nebenfluß der Ruhr)

Seit 1843 ist die Balver Höhle Gegenstand der Vorgeschichtsforschung. Hinter dem mächtigen, 12 m breiten und 14 m hohen Eingang erstreckt sich ein breiter Hauptgang, der sich in zwei Seitenarme aufteilt. Bereits im 19. Jahrhundert wurde der mit Tierknochen durchsetzte Höhlenlehm als phosphathaltiger Dünger auf die benachbarten Felder aufgebracht. Die Grabungen, die Ende des letzten und Anfang dieses Jahrhunderts dort durchgeführt wurden, brachten zwar Hinweise darauf, daß die Höhle in vorgeschichtlicher Zeit bewohnt war, bis in die dreißiger Jahre hinein war jedoch nur eine geringe Mege der steinzeitlichen Funde dort geborgen.

Erst Grabungen, die 1939 und 1956 durchgeführt wurden, brachten neben zahlreichen Tierknochenfunden auch eine große Zahl von Werkzeugen und Geräten aus der Neandertalerzeit zutage. Es ist durchaus anzunehmen, daß die Höhle auch zu späterer Zeit besiedelt worden ist. Die oberen Schichten sind jedoch im 19. Jahrhundert zerstört worden, so daß die Beweise für eine spätere Besiedlung verloren sind.

☆ **Neandertal**
(kleine Feldhofer Grotte im Neandertal)
bei Düsseldorf Mettmann

Hier entdeckten 1856 zwei Steinbrucharbeiter Skelettreste, die ursprünglich für Knochen eines Höhlenbären gehalten wurden. Der Realschullehrer Johann Carl Fuhlrott entdeckte als erster, daß es sich um sehr seltene Überreste eines urzeitlichen Menschen handelte. Der Fund, der dem Neandertaler seinen Namen gab, bestand aus einem Schädeldach, dem rechten und linken Oberarm, fünf Bruchstükken der Rippen, der linken Beckenhälfte sowie beiden Unterschenkeln.

Nach heutigen Erkenntnissen gehörten die Skelettreste zu einem etwa 40 jährigen Mann, der vor ca. 70.000 Jahren gelebt hat. Nicht weit von der Fundstelle entfernt wurden zwei Steinwerkzeuge gefunden, die wahrscheinlich ebenfalls in diese Zeit gehören.

☆ **Vogelherdhöhle**
(bei Stetten, in der Nähe von Ulm)
Neben Spuren von Feuerstellen wurden hier auch die Skelettreste von zwei Menschen gefunden, die vor ca. 32.000 Jahren gelebt haben. Die teilweise verformten Knochen eines etwa 40-50 jährigen Mannes deuten daraufhin, daß dieser schwer krank war. Die Schädeldecke eines etwa 20 jährigen Mannes zeigt eine leichte Vorwölbung im Scheitelbereich, die von Geschwülsten in oder auf dem Gehirn stammt.
Aus der gleichen Zeit wurden zahlreiche nur wenige Zentimeter große Tierplastiken gefunden, die sehr realistisch dargestellt sind, obwohl manchmal Details fehlen. Viel plumper ist dagegen eine Menschendarstellung mit knopfartigem Kopf. An vielen Figürchen sind Reste von Ösen erkennbar, die darauf hinweisen, daß die Plastiken wahrscheinlich als Amulette gedient haben.

☆ **Gönnersdorf** bei Andernach
(Kreis Neuwied)
1968 wurde bei Bauarbeiten gegenüber von Andernach am Rhein die Siedlung Gönnersdorf entdeckt, die aus der Zeit vor ungefähr 12.000 Jahren stammt. Gönnersdorf ist wohl die bekannteste Freilandsiedlung aus dieser Zeit in Deutschland. Entdeckt wurden die Grundrisse von insgesamt 7 Behausungen. Drei davon sind größere Pfostenbauten mit einem Durchmesser von etwa 6 bis 8 m. In der Mitte der Pfostenbauten befindet sich ein starker Stamm, der eingegraben wurde. Umgeben ist er von 12 kürzeren Außenpfosten. Stabilität bekam die Gerüstkonstruktion durch Stäbe zwischen dem Innen- und den Außenpfosten, die wohl mit Lederriemen befestigt waren. Die ganze Konstruktion wird wohl mit cirka vierzig zusammengenähten Wildpferdehäuten bedeckt gewesen sein. Der Boden war mit Schieferplatten gepflastert, die zum Teil mit Ritzzeichnungen der damaligen Tierwelt versehen waren, die den Höhlenmalereien Frankreichs und Nordspaniens ähneln. Daneben finden sich auch Zeichnungen, die Frauenfiguren erkennen lassen. Neben zahlreichen Werkzeugfunden wurden auch Schmuckgegenstände aus Meeresschnecken oder Tierzähnen und kleine Frauenstatuetten aus Tierknochen oder Elfenbein gefunden. Die vielen Knochen von Beutetieren weisen daraufhin, daß die Jäger von Gönnersdorf wohl in erster Linie Rentiere und Wildpferde gejagt haben.

☆ **Westerkappeln** (Kreis Steinfurt)
1955 wurden hier mehrere altsteinzeitliche Lagerplätze aus der Zeit von vor cirka 10.700-12.000 Jahren entdeckt. Aus Bodenverfärbungen ließ sich erschließen, daß hier mehrere Gruppen von ovalen Hütten mit einem Durchmesser von etwa 3 m gestanden haben. Die Hütten bestanden vermutlich aus einem Gerüst von dicken Ästen und waren mit Schilf gedeckt. In und neben den Hütten wurden zahlreiche Steinwerkzeuge gefunden. Die Werkzeuge lassen vermuten, daß hier neben Stein auch Knochen und Holz bearbeitet wurden. In einer Hütte wurden die Überreste einer Feuerstelle nachgewiesen. Im Bereich des Lagerplatzes fand sich auch eine Grube, die bis an den Grundwasserspiegel heranreichte und als Wasserschöpfloch gedeutet werden kann.

☆ **Ahrensburg** (Kreis Storman)
nordöstlich von Hamburg
In der Nähe von Ahrensburg liegen mehrere altsteinzeitliche Fundstellen etwa aus der Zeit von vor 10.700 bis 10.000 Jahren. Von den Menschen der „Ahrensburger Kultur" sind zwar keine Skelettreste vorhanden, dafür sind hier erstmals auch Gegen-

stände aus Holz, Knochen und Rengeweih erhalten. Verhältnismäßig kleine Lagerplätze von etwa 15 m Durchmesser deuten darauf hin, daß die Menschen in kleinen Gruppen von etwa 10 bis 15 Menschen lebten. Vor allem wohnten sie wohl in Zelten aus schräggestellten, langen Holzstangen; es ist jedoch auch eine Hütte von etwa 3,5 x 3 m erhalten. Es finden sich auf den gefundenen Gegenständen keine Abbildungen von Menschen oder Tieren. Allerdings sind Gegenstände aus Holz gefunden worden, die darauf hindeuten, daß die Jäger der Ahrensburger Kultur mit Pfeil und Bogen gejagt haben. Neben mehr als 100 etwa 75 cm langen und 1/2 cm dicken Pfeilschäften und zahlreichen anderen Gegenständen sind auch Harpunen aus Rentiergeweih gefunden worden.

Die französischen Fundstätten im Perigord

Sehr viele Fundstätten aus der Neandertaler- und Cro-Magnon-Zeit liegen in unserem Nachbarland Frankreich im Perigord. Da Frankreich und insbesondere auch das französische Perigord ein immer beliebteres Urlaubsland ist, soll hier kurz auf die Fundstätten im Perigord eingegangen werden, um vielleicht den einen oder anderen Tip für die Urlaubsplanung zu geben.

☆ Im Herzen des Perigord liegt das Dörfchen **Les Eyzies**, das auch gern die „Hauptstadt der Vorgeschichte" genannt wird. Hier wurden 1868 in der Höhle Cro-Magnon die danach benannten Cro-Magnon-Menschen entdeckt. Die Höhle kann leider nicht mehr besucht werden, über ihr wurde das Hotel Cro-Magnon errichtet.
Im Prähistorischen Museum von Les Eyzies,

das unter einem Felsüberhang erbaut wurde, der den Menschen der Vorgeschichte bereits als Wohnplatz diente, ist jedoch eine Fülle von Material aus der Neandertaler- und Cro-Magnon-Zeit zu besichtigen.

☆ In der Nähe von Les Eyzies liegen die berühmten Fundplätze **La Madeleine** und **Le Moustier**, **La Ferrassie** und **La Micoque**. Die bisher gehobenen Funde sind zwar inzwischen alle in den verschiedensten Museen untergebracht, aber die Grabungsstätten, die z.T. heute noch bearbeitet werden, sind in den meisten Fällen zu besichtigen. So bleibt einem an diesen Orten nicht nur das Gefühl, auf historischem Boden zu stehen, sondern der Fortschritt der archäologischen Forschung ist teilweise direkt mitzuerleben.

☆ Ebenfalls in der Nähe von Les Eyzies liegen drei Höhlen mit den schönsten Höhlenmalereien der Cro-Magnon-Menschen. Die Höhle **Font de Gaume** in Les Eyzies ist eine der wenigen sehr farbig ausgestalteten Höhlen, die heute noch zu besichtigen ist. Zur Zeit werden pro Tag noch 200 Besucher in die Höhle eingelassen. Es ist empfehlenswert, rechtzeitig eine Führung reservieren zu lassen. Die Höhle **Rouffignac** (auch die „Höhle der hundert Mammuts" genannt), einige Kilometer von Les Eyzies entfernt, ist ebenfalls ein lohnenswertes Ziel, deren Besichtigung nicht nur bei Hanna und Philipp bleibende Eindrükke hinterlassen hat. Die Zeichnungen von Rouffignac sind entweder in den Fels geritzt, oder einfarbig in schwarz und braun gehalten.
Bemerkenswert ist, daß die Höhlenmaler damals etwa 700 m durch z.T. nur kniehohe Gänge robben mußten, um an ihre Malstätten zu gelangen. Dem heutigen Besucher wird die Besichtigung mit Hilfe eines elektrischen Bähnchens, das ihn in den Berg zu den Höhlenmalereien bringt, erheblich einfacher gestaltet.

☆ Die Höhle **Lascaux** bei Montignac (ebenfalls nur wenige Kilometer von Les Eyzies entfernt) kann heute leider nicht mehr besichtigt werden, da sie aus konservatorischen Gründen für die Öffentlichkeit gesperrt ist. Nach ihrer Entdeckung 1940 wurde sie in den Nachkriegsjahren das Ziel von Millionen von Besuchern, weil die großformatigen, farbigen Höhlenmalereien sicherlich zu den bedeutendsten der Welt zählen. Diese Besucherscharen veränderten durch ihre Atemluft das Klima und die Luftfeuchtigkeit in der Höhle so, daß sich Algen, Bakterien und Pilze auf den Bildern stark vermehrten. Trotz aller konservatorischer Bemühungen wären die großartigen Höhlenmalereien wohl zerstört worden, wenn sich der französische Staat nicht 1965 dazu entschlossen hätte, die Höhle für die Öffentlichkeit zu schließen.
Wenige hundert Meter vom Höhleneingang entfernt ist mit einem unwahrscheinlichen Aufwand eine Nachbildung, ein genaues Faksimile des größten Teils der originalen Höhle entstanden. Diese Nachbildung ist heute als „Lascaux II" zu besichtigen und vermittelt einen sehr guten Eindruck von der prähistorischen Felsmalerei.

BEGRIFFE

Abri: vgl. Felsüberhang

Abschlag: Eine Technik der Steinbearbeitung ist es, aus einem Stein ein Gerät herzustellen, indem alle überflüssigen Teile des Steins entfernt werden; es bleibt das Kerngerät über. Die bei der Bearbeitung abgeschlagenen überflüssigen Steinteile werden Abschläge genannt. Aus ihnen wurden ebenfalls Geräte hergestellt (z.B. Schaber und Spitzen).

Altamira: Höhle in Nordspanien. 1879 wurden hier die ersten Höhlenmalereien entdeckt, die zunächst für Fälschungen gehalten wurden. Erst nachdem in Frankreich Anfang des Jahrhunderts andere Höhlen mit ähnlichen Darstellungen gefunden wurden, war eindeutig, daß die Höhlenmalereien von Altamira, die zu den bedeutendsten zählen, ihren Ursprung in der Steinzeit haben.

Anthropologie: Wissenschaft von der Entstehung und Entwicklung des Menschen

Auerochse: Rinderart, die seit dem 17. Jahrhundert ausgestorben ist. Sie gilt als Stammform der heutigen Hausrinder. In Mitteleuropa wurden die männlichen Tiere bis etwa 2 m hoch, die weiblichen blieben kleiner.

Bestattungen: Während vor der Neandertalerzeit keine Bestattungen von Toten vorkamen, begannen die Neandertaler, ihre Toten sorgfältig zu bestatten. Im allgemeinen wurden beim Neandertaler wie auch beim Cro-Magnon-Menschen die Toten in Erdgruben beigesetzt.

Chopper: Einfaches Steinwerkzeug der Altsteinzeit aus ovalem Geröllgestein, bei dem eine Seite mit einer scharfen Kante versehen wurde.

Cro Magnon: Höhle in Les Eyzies (Frankreich), in der 1868 einige Skelette gefunden wurden, die dem Cro-Magnon-Menschen den Namen gaben. Der Cro-Magnon-Mensch tritt ungefähr vor 40.000 Jahren erstmalig in Europa auf und ist als unser direkter Vorfahre anzusehen.

Eiszeit: Die Eiszeit umfaßt den Zeitraum von vor etwa einer Million Jahren bis vor etwa 10.000 Jahren. Sie war keine durchgehend kalte Epoche, sondern gliederte sich in Warm- und Kaltzeiten. Während der Kaltzeiten waren große Teile Europas teilweise von Eis bedeckt.

Farben: Die Höhlenmalereien der Cro-Magnon-Menschen wurden zum großen Teil farbig gestaltet. Als Farbpigmente standen den Cro-Magnons im wesentlichen aus Erde und Stein gewonnene Pigmente zur Verfügung, die entweder direkt auf die Höhlenwände aufgetragen wurden, oder mit Bindemitteln aus Tierfetten oder Vogeleiern versehen waren.

Faustkeil: Zusammenfassender Begriff für vielfältige Geräte aus Stein, wie z.B. Schaber, Kratzer, Schneidewerkzeuge, usw..

Felsüberhang: Natürlicher Felsvorsprung, der gleichsam als Dach wirkt und vor der Witterung schützt. Felsüberhänge waren bevorzugte Siedlungsplätze.

Feuer: Bereits lange vor der Neandertalerzeit nutzten die Vorfahren der Menschen das Feuer. Es diente nicht nur als Wärmequelle, sondern auch als Schutz vor wilden Tieren, als Möglichkeit der Nahrungszubereitung und schließlich auch als sozialer Mittelpunkt.

Feuerstein: Blauschwarz, grau oder gelblich gefärbtes Kieselgestein, das Knollen ausbildet und vor allem in Kreideschichten vorkommt. Weil sich vom Feuerstein leicht scharfkantige dünne Klingen abschlagen lassen, war er als Rohmaterial von Werkzeugen in der Steinzeit äußerst beliebt.

Fossilien: Überreste von ausgestorbenen Organismen. Meist sind Versteinerungen erhalten, es kommen jedoch auch andere Möglichkeiten der Erhaltung in Betracht, wie z.B. Einschlüsse im Bernstein oder im ewigen Eis.

Jagdzauber: Wurde lange Zeit als Motiv der steinzeitlichen Höhlenmalerei angenommen. Die steinzeitlichen Jäger sollen durch die Malerei und die Beschwörung der Bilder versucht haben, ihren Jagderfolg positiv zu beeinflussen. Heute wird nicht mehr angenommen, daß die Höhlenmalerei sich ausschließlich als Jagdzauber erklären läßt.

Kleidung: Der Neandertaler hüllte sich wahrscheinlich bereits in Tierfelle, um sich vor der kalten Witterung zu schützen, wirkliche Kleidungsstücke wurden aber wohl erst nach der Erfindung der Nähnadel durch die Cro-Magnon-Menschen hergestellt. Tierfelle wurden bearbeitet und zu Kleidungsstücken zusammengenäht, die wohl ähnlich aussahen wie die Kleidungsstücke der Eskimos.

Klima: vgl. Eiszeit

Klinge: Vor etwa 40.000 Jahren gingen die Menschen dazu über, die Feuersteinknollen in lange, schmale Stücke – eben in Klingen – zu zerlegen. Aus diesen Klingen wurden verschiedene Werkzeuge wie Kratzer, Bohrer, Stichel und Messer hergestellt.

Lascaux: Höhle bei Montignac (Frankreich), die 1940 entdeckt wurde. Die Höhle ist besonders bemerkenswert durch die Verschiedenartigkeit, Fülle und Farbgebung der außerordentlichen Felsmalereien. Sie ist heute aus konservatorischen Gründen für die Öffentlichkeit unzugänglich. Wenige Meter neben dem Höhleneingang wurde jedoch eine genaue Nachbildung eines großen Teils der Höhle errichtet, die einen sehr guten Eindruck von der prähistorischen Malerei vermittelt.

Mammut: (vgl. S. 16) Elefantenähnliches, ausgestorbenes Großsäugetier der Eiszeit, das von den Jägern und Sammlern gejagt und in Felsritzungen und Höhlenmalereien dargestellt wurde.

Neandertal: (vgl. S. 10) Hier wurden 1856 Skelettüberreste eines etwa 40jährigen Mannes gefunden, die dem Neandertaler seinen Namen gaben. Der klassische

Neandertaler lebte etwa von vor 120.000 bis vor 40.000 Jahren.

Paläontologie: Wissenschaft von den Fossilien (vgl. Fossilien)

Pech Merle: Höhle bei Cahors (Frankreich). Die 1922 entdeckte Höhle ist bedeutsam durch ihre mehrfarbigen Tierdarstellungen (besonders bekannt sind die Pferdedarstellungen) und durch 14 Handabdrücke, die um die Tierdarstellungen herum angeordnet sind.

Prähistorie: Wissenschaft, die sich mit der Erforschung der ältesten menschlichen Geschichte bis zum Einsetzen schriftlicher Quellen beschäftigt.

Sammeln: Neben der Jagd wichtige Ernährungsgrundlage aller Jäger- und Sammlerkulturen. Gesammelt werden vor allem pflanzliche Nahrungsmittel wie Blätter, Knollen, Pilze, Früchte usw.

Schmuck: Sowohl der Neandertaler als auch der Cro-Magnon-Mensch fertigte Gegenstände an, die als Schmuck dienten, wie vielfältige Funde belegen. Neuere Funde deuten darauf hin, daß Schmuckstücke sogar schon vor der Zeit des Neandertalers in Gebrauch waren.

Tundra: Aus Flechten, Moosen und Zwergsträuchern bestehende Landschaftsform, die heute vorwiegend in nördlichen Gebieten jenseits der Waldgrenze vorkommt. In der Eiszeit teilweise auch in Mitteleuropa verbreitet.

Urochse: vgl. Auerochse

Vorgeschichte: vgl. Prähistorie

Wildbeuter: Gesellschaftsform, die als Lebensgrundlage die Jagd und das Sammeln hat. Aufgrund dieser Ernährungsweise – Tierherden wandern und Pflanzen sind irgendwann „abgeerntet" – leben Wildbeutergesellschaften nomadisch, d.h., sie suchen von Zeit zu Zeit einen neuen Lagerplatz auf.

DIE AUTOREN

Gipsy und Franz Baumann fasziniert das Thema „Steinzeit" seit fast zwanzig Jahren. Nachdem ihre erste gemeinsame, spontan beschlossene Urlaubsreise nach zwanzigstündiger Autofahrt vor der verschlossenen Höhle von Lascaux endete, zog es die beiden regelmäßig ins Perigord, ins Zentrum der französischen Steinzeitgeschichte, zurück. Heute kennen beide nahezu jede Höhle fast ebenso gut wie ihre Westentasche.

An ihrer Tochter Hanna, die die beiden seit ihrer frühesten Kindheit auf den Reisen ins Perigord begleitete, sahen die beiden, welche Faszination das Thema Steinzeit auch auf Kinder im Vorschulalter ausübt.

Als Lehrer der Sekundarstufe I haben die beiden in allen Schulformen mit handlungsorientierten, spielerischen Unterrichtsformen bei Schülerinnen und Schülern aller Schulformen Interesse für das Thema „Steinzeit" wecken können.

In diesem Buch ergänzen sich die beiden Autoren: Als Biologielehrer und Museumspädagoge bringt Franz Baumann die biologisch-naturwissenschaftlichen Aspekte ein, während Gipsy Baumann als Lehrerin für Geschichte und Kunst sich mit den künstlerischen und historischen Zusammenhängen beschäftigt.

Die Auseinandersetzung mit dem Leben unserer frühesten Vorfahren hat nach Meinung der Autoren Konsequenzen für heutiges gesellschaftliches und ökologisches Denken und Handeln.

LITERATUR

Sachbücher:

Richard L. Leakey: Die Suche nach dem Menschen. Wie wir wurden, was wir sind; Umschau-Verlag (1981)

Louis-Rene' Nougier: Die Welt der Höhlenmenschen; rororo-Sachbuch (1992)

Die Frühgeschichte der Menschheit. Von der Steinzeit bis zu den Kelten, Bertelsmann Lexikon Verlag (1992)

Ernst Probst, Deutschland in der Urzeit; Bertelsmann (1986)

Ernst Probst, Deutschland in der Steinzeit; Bertelsmann (1991)

Vorlese-, Kinder- und Jugendbücher:

Insa Bauer, Ferien in der Steinzeit, Bitter (1992)

Gabriele Beyerlein erzählt von den Steinzeitjägern, Oetinger Verlag (1991)

Die ersten Menschen; Gerstenberg-Verlag (1994)

Franz Hohler, Tschipo in der Steinzeit, Ravensburger Buchverlag (1995)

Dirk Lornsen: Rokal. Der Steinzeitjäger; Thienemann Verlag (1987)

Wolfgang Kuhn, Mit Jeans in die Steinzeit. Ein Ferienabenteuer in Südfrankreich, dtv (1988)

Hauke Kock, Steinzeitmenschen, Carlsen (o.J.)

Francoise Lebrun, Zur Zeit der Höhlenmenschen, Union Verlag (Sachbilderbuch) (1993)

Willi Münch, Jagdfest in der Steinzeit, Rheinland-Verlag (1983)

Palle Petersen, Tobias erlebt die Steinzeit; Neuer Finken Verlag (1984)

Werner Schlichtenberger, Im Tal der schwarzen Wölfe. Leben eines Steinzeitjägers; Artemis & Winkler Verlag (1989)

Julie Wood, Die Welt der Steinzeitmenschen, Ravensburger Buchverlag (1993)